# LA PÉRDIDA DE UN SER QUERIDO

Vicente Prieto

# La pérdida de un ser querido

Estrategias para el duelo.
Sentirte mejor no es olvidar

la esfera de los libros

Primera edición: octubre de 2018

© Vicente Prieto Cabras, 2018
© La Esfera de los Libros, S.L., 2018
Avenida de San Luis, 25
28033 Madrid
Tel.: 91 296 02 00
*www.esferalibros.com*

ISBN: 978-84-9164-382-1
Depósito legal: M. 18.803-2018
Fotocomposición: J. A. Diseño Editorial, S.L.
Impresión: Cofás
Encuadernación: De Diego
Impreso en España-*Printed in Spain*

# Índice

*A mi mujer y mi hija.*
*Me facilitáis tantas cosas*
*que siempre estaré en deuda.*

# Agradecimientos

Gracias a Luis Santos, estés donde estés, recibe un fuerte abrazo desde aquí, por todo lo que me enseñaste en los últimos días de tu vida; y a Anita, por el trato exquisito recibido, por todos los momentos entrañables que hemos vivido junto a Luis y por haberme autorizado a escribir sobre vosotros.

Gracias a Mónica Liberman, directora literaria de La Esfera de los Libros, por confiar en mí para realizar este libro, por su paciencia y ayuda inestimable.

Gracias a María Jesús Álava por permitirme formar parte de su equipo, por su enorme valía profesional y, sobre todo, personal. Toda mi admiración hacia ella.

Gracias a todos los compañeros que trabajan en el Centro de Psicología Álava Reyes y en la Fundación María Jesús Álava y, en especial, a la Unidad de Duelo por lo que aprendo de ellos todos los días.

Gracias a las personas que siempre han estado cerca de mí en los mejores y en los peores momentos, y que forman parte de la peña El Tinao, Paloma, Luismi, Santi, Beni, Emiliano, Pili, José, Alicia, Mari Paz, Luis, Macu y Mila. Y a Raquel y Sergio por su interés en este libro.

Gracias a María, mi madre. Aunque en este momento ella no encuentre mi mirada yo sí encuentro la suya.

# Introducción

*Después de todo la muerte es solo un síntoma de que hubo vida.*

MARIO BENEDETTI

Una de las pocas certezas con las que cuenta el ser humano es que en algún momento de su vida va a fallecer. Esto no tiene por qué angustiarnos, al contrario, merece que hagamos una reflexión serena y con un estado de ánimo alegre, ya que, a fin de cuentas, seguimos estando vivos para ocuparnos de algo que seguro que va a acontecer y para lo que deberíamos estar preparados, sobre todo viviendo intensamente lo que sucede en nuestro día a día, cotidianamente. Es curioso que nos preocupemos de los acontecimientos marcados por la incertidumbre, que no podemos controlar, por ejemplo no sabemos qué va a pasar mañana, no sabemos lo que durará la relación de pareja, quién puede saber cómo va a estar de salud el mes que viene, etc., y no seamos capaces de ocuparnos de cómo nos gustaría morir en el caso de no hacerlo de manera brusca, de cómo abordar la despedida de la familia y de los amigos, de cómo sobrellevar un proceso de duelo por el fallecimiento de una persona a la que que-

15

remos. En definitiva, de lo que sí sabemos que va a pasar. Y es que tú, que estás leyendo estas líneas, y yo, nos vamos a morir.

> *Sonreír no es olvidar, no es traicionar, simplemente es vivir, vivir con esperanza.*

Si hablamos con alguien sobre la muerte, observaremos que la expresión facial le cambia, que hace gestos de extrañeza. La tendencia será la de hablar poco y cortar lo antes posible esta conversación, porque a la mayoría de las personas nos da «mal rollo», nos desagrada, nos trae «mala suerte» hablar de esto. La muerte es un tema tabú, no suele plantearse de manera natural entre los miembros de la familia, entre los amigos e incluso con uno mismo. Intentamos apartarnos de todo lo relacionado con ella. Quizá se viva con la esperanza de que, en un tiempo no muy lejano, según se comenta en la literatura pseudocientífica, podamos hacer realidad la inmortalidad. Sin ánimo de ser un *quitailusiones*, si se me permite la expresión, sigo pensando que seguramente tú y yo vamos a morir, por lo que tenemos la oportunidad de vivir y degustar el momento presente y no engullir el tiempo mientras estamos vivos. Todo el mundo se muere en el último segundo y es altamente probable que este no sea nuestro último segundo. Disfrutémoslo entonces.

Escribir un libro sobre cómo abordar el duelo ante la pérdida de una persona con la que te unían lazos afectivos intensos, es un reto interesante, teniendo en cuenta que vivimos de espaldas a la muerte. Sabemos que el duelo es un proceso personal e intransferible y que depende de las características y habilidades de cada uno, del apoyo familiar y social que tengamos en ese momento, de las competencias para enfrentarnos a las situaciones, cómo es nuestro estilo para resolver problemas, cómo tomamos decisiones y cómo gestionamos nuestras emociones. Por esta razón, intentaré no dar consejos generales de lo que tenemos que hacer o no, ya que cada persona tiene una experiencia y vivencia distinta ante la muerte de un ser querido y ante su propia muerte. Sí correré el riesgo de concretar mucho la explicación de las estrategias que entiendo que pueden ayudar a una persona en estas circunstancias, con el objetivo de que las aplique a su estilo y situación personal, que las haga suyas para adaptarse lo antes posible a su realidad más próxima.

El objetivo que persigo escribiendo este libro es poner al lector ante la situación que seguramente va a tener que afrontar en algún momento a lo largo de su vida, la pérdida de una persona importante para él. Y será en ese momento cuando tendrá que poner en marcha muchas de las habilidades que poco a poco le facilitarán el proceso de duelo. No obstante, las estrategias que a lo largo de estos capítulos se irán describiendo tienen como principal objetivo que la persona doliente aprenda a convivir con sus emociones, asuma la pérdida y se conecte de nuevo con la rutina diaria para volver a tener una vida normalizada. Anticipo que, a veces, lo mejor es no hacer nada, solo sentir, rodearte de personas entrañables y volver a realizar poco a poco las tareas cotidianas.

Cuando trabajas con personas enfermas y con sus cuidadores, familiares o profesionales, cuando atiendes a dolientes que han perdido a un familiar o a un amigo, vas fortaleciendo la idea de que no deberíamos añadir sufrimiento a estos momentos que obviamente por sí mismos generan mucho dolor. Comprender, escuchar, facilitar el confort, acercarnos sin agobiar, son habilidades imprescindibles para abordar el acompañamiento emocional que estas personas en estas circunstancias van a necesitar. La pena o la tristeza no resuelven nada, pero las acciones concretas hacia estas personas, basadas en la empatía y en la cercanía, facilitan que poco a poco vayan asumiendo la pérdida y aceptando la nueva situación.

> *El proceso de duelo no es una enfermedad sino una oportunidad para aceptar la pérdida y adaptarnos a vivir sin la persona fallecida.*

El dolor durante el proceso de duelo y más allá de su finalización no se cura, no es una enfermedad, durará tiempo y no sabemos cuánto, pero antes o después tendremos que asimilar la pérdida y aprender a convivir con nuestras emociones, a veces con la tristeza, pero también con la alegría de haber tenido la posibilidad de conocer a esa persona que ya no está, pero que en su momento nos aportó muchas cosas útiles. Tendremos que autorizarnos a nosotros mismos a disfrutar de nuevo, a darnos muchas oportunidades para estar de la mejor manera posible, volver a conectar con la vida y tener objetivos ilusionantes en todos los ámbitos de nuestra vida cotidiana, familia, trabajo, amistades, ocio, salud, etc. La intensidad del dolor será progresivamente menor hasta que se reduzca a echarle de menos en algún momento, en alguna situación, a un recuerdo, a un instante.

La palabra duelo viene del latín *dolus*, dolor, y según las tres primeras acepciones que señala la Real Academia Española, hace referencia a:

- Dolor, lástima, aflicción o sentimiento.
- Demostraciones que se hacen para manifestar el sentimiento que se tiene por la muerte de alguien.
- Reunión de parientes, amigos o invitados que asisten a la casa mortuoria, a la conducción del cadáver al cementerio o a los funerales.

Desde la psicología entendemos el duelo como un conjunto de reacciones emocionales ante la pérdida de una persona querida, siendo la tristeza y la aflicción las más frecuentes y las que se viven con más intensidad. Este proceso también afecta a los pensamientos, comportamientos y decisiones del doliente. El duelo, salvo en algunos casos, no es patológico, pero en ciertas personas puede provocar dificultades psicológicas como ansiedad, depresión o inadaptación. Abordaremos en profundidad el proceso de duelo, sus momentos más característicos y frecuentes, así como las estrategias para recorrer este camino de manera natural.

¿Es distinto el dolor cuando sabes que la persona va a morir, por estar en una fase terminal de la enfermedad, que cuando el fallecimiento es inesperado? Si te has enfrentado a alguna de estas situaciones, o a las dos, como doliente o como persona cercana que ha tenido que acompañar, consolar o ayudar, seguro que tendrás una respuesta. He dedicado dos capítulos a describir estas circunstancias, reflexionar sobre el impacto que produce un diagnóstico o la noticia del fallecimiento por accidente de tráfico, por ejemplo, y lo que podemos hacer. Son respuestas abiertas, no son ni buenas ni malas, pero deben ser el resultado de la interacción entre la lectura serena y la experiencia del lector. Es ahí donde se irá construyendo una forma de estar, de responder a lo que en cada momento nos demandan la situación y el ambiente. Será una respuesta estrictamente individual, seguramente la más válida en esos momentos difíciles, tu respuesta.

> *Las personas no hacemos otra cosa que tomar decisiones.*

He comentado que una de las certezas del ser humano es que en algún momento va a fallecer. Tenemos otra: no hacemos otra cosa que tomar decisiones. Desde que nacemos estamos tomando decisiones, a veces con consecuencias positivas, adaptadas y, en otras ocasiones con consecuencias negativas. No puede ser de otra manera. Reflexionemos por un instante sobre la siguiente cuestión: en la mayoría de las situaciones cotidianas el comportamiento de las personas debería ser la consecuencia de una decisión y no de una condición, ya sea física o emocional. En un proceso de duelo se hace todavía más necesario que las personas dolientes se reconcilien con sus emociones, con su dolor, que lo validen, pero también tienen que facilitar que la vida se introduzca en el día a día, tomar decisiones para abordar la pérdida y retomar la existencia, la suya y la de los demás miembros de la familia y amistades. Por lo tanto, lo más importante no es la forma de morir de tu ser querido, sino cómo lo vamos a abordar desde nuestra decisión, y no solo con las emociones. El impacto emocional puede ser distinto pero lo que importa y lo que más va a influir en el desarrollo del duelo es la actitud que tenemos ante estas difíciles circunstancias.

«¿Dónde está papá?». «¿Por qué lloras?». «¿Ya no va a venir la abuela a buscarme?». «¿Por qué hay tanta gente?». «¿Ya no está mamá en el hospital?, ¿dónde está?, ¿sigue mala?». Los niños son los grandes ausentes en los procesos de muerte y duelo. Intentamos evitarles el dolor, la incertidumbre y la preocupación natural ante la muerte de su familiar. «¡Que no nos vea llorar!». «¡No es bueno que vea el cadáver!». «¡No vamos a llevarlo al tanatorio!». «¡Hay que evitarle ese mal rato del entierro!». Son frases y decisiones frecuentes entre los familiares sobre qué será mejor para los niños en estos momentos duros. Cuando apartamos a un niño del proceso de muerte le quitamos la posibilidad de aprender de estas situaciones, y no es correcto, porque a lo largo de su vida seguramente tendrá que enfrentarse a más muertes de seres queridos. Pero aun teniendo esto en cuenta, no hay una única respuesta como estrategia a seguir con los pequeños de la casa ante el duelo, porque va a depender de muchas variables. Citaré algunas de ellas:

- Las creencias religiosas o el laicismo de la familia. Cada religión celebra sus ritos ante la muerte, y hay diferencias entre ellos en cuanto a la participación de los niños y a la información que se les da sobre ella.
- La edad del niño y su personalidad.
- El estilo educativo de los padres. Si se facilita la dependencia o independencia emocional de los hijos, si se tiene una comunicación clara basada en la confianza y el respeto, si han asumido responsabilidades a su nivel y han cultivado la autonomía para que ellos resuelvan sus problemas, si han aprendido a confiar en sus recursos y habilidades personales y a tomar decisiones.
- La relación afectiva con la persona fallecida.
- El lugar de residencia, que puede facilitar el apoyo y acompañamiento emocional del niño. Por ejemplo, si vive en un pueblo pequeño en el que todos se conocen, participan de manera más cercana en este proceso de duelo.

Teniendo todo esto en cuenta, debemos adaptarnos a las cuestiones que los niños vayan planteando en cada uno de los momentos. Hay que explicarles lo que está ocurriendo y saber cómo se están sintiendo para hacerles un acompañamiento emocional basado en la empatía y en la escucha. Lo desarrollaremos en el capítulo dedicado a los niños y el duelo.

> *La pérdida de un hijo provoca en los padres la ruptura con su proyecto vital y un dolor indescriptible.*

Uno de los acontecimientos más demoledores a los que se enfrenta el ser humano es la pérdida de un hijo, ya que provoca en los padres un proceso de ruptura en su proyecto vital y en su rol de cuidadores. No olvidemos que criar, educar y sacar adelante a un hijo es su plan más ilusionante. Los padres experimentan un dolor difícil de describir, de expresar con palabras. El impacto emocional lo viven con ansiedad, angustia, abatimiento, tristeza y sobre todo con una aflicción extrema. ¿Cómo continuar el día a día sin nuestro hijo? Lo abordaremos en uno de los capítulos en el que el lector aprenderá a comprender esta situación, a cómo acompañar a unos padres cercanos que están viviendo este duelo. Haremos algunas recomendaciones para el lector que se encuentre en esta situación. Incluyo en este capítulo la muerte perinatal y la necesidad de que los profesionales que atienden a los padres que han perdido a su bebé mantengan una atención desde la comprensión, la intimidad y la escucha de sus emociones y necesidades.

La vida te cambia radicalmente cuando fallece tu pareja. Al igual que comentábamos con los padres a los que se les ha muerto un hijo, se rompen los proyectos que teníais pendientes, las ilusiones. A veces aparece un sentimiento de culpabilidad por las discusiones mantenidas y por haber aplazado actividades gratificantes. Se siente mucho vacío, preocupación por cómo va a ser tu vida a corto, medio y largo plazo sin la pareja. Convivir con la tristeza y retomar el pulso a la rutina será lo que trabajemos en el capítulo dedicado al duelo por la pareja.

¿Sabemos acompañar? A veces decimos y hacemos cosas con las personas dolientes que, aun teniendo la mejor intención, no solo no ayudan, sino que pueden empeorar las condiciones emocionales de esas personas. Comentarios como «tienes que ser fuerte, la vida continúa», «el tiempo lo cura todo», no hacen más que provocar más sufrimiento al propio dolor que sienten las personas afectadas. Vamos a revisar habilidades de interacción muy sencillas, pero altamente eficaces si las utilizamos en los momentos difíciles y con un objetivo muy claro, el de ser facilitadores. Comunicarnos desde la cercanía, escuchar de manera activa, hablar lo justo, mantener un contacto físico adaptado a la situación concreta, utilizar la mirada, tener paciencia ante los momentos de reacción emocional más intensos, son estrategias útiles para confortar a la persona doliente y afligida.

En España contamos con muchos recursos para ayudar a las personas en los procesos de duelo. Las asociaciones y grupos de apoyo facilitan espacios de escucha y desahogo emocional, tan necesarios en los momentos de mucho dolor. Están repartidos por todas las comunidades autónomas y las gestionan entidades religiosas o laicas. Lo importante es que en todas ellas el doliente entra en contacto con personas que están pasando o han pasado ya por la misma circunstancia. También organizan grupos para hablar de lo que sienten y cómo encauzar esas emociones. En algunas de estas entidades hay profesionales de la psicología supervisando los encuentros. Otro recurso son los centros de psicología, que atienden a las personas en proceso de duelo para ayudarles a asumir la pérdida y a adaptarse a las nuevas condiciones vitales tras el fallecimiento de su ser querido. Algunos necesitarán una intervención psicológica porque han desarrollado un duelo complicado o alguna patología, y deben trabajarlo para volver a tener una vida cotidiana normal. Por otra parte, los amigos y por supuesto la familia son el recurso fundamental para que las personas más afectadas encuentren un entorno de intimidad para sentirse reconfortadas.

Facilitar la gestión del cambio a un nuevo estilo de vida, una vez que hemos elaborado la despedida del familiar mediante homenajes a la existencia, es uno de los objetivos más importantes que trabajamos en la Unidad de Duelo del Centro de Psicología Álava Reyes (CPAR), uno de los más grandes e importantes de España. Hacemos el acompañamiento emocional de las personas dolientes y sus familias a nivel individual, o gestionando grupos que están pasando por un proceso de duelo.

¿Has pensado en hacer tu testamento vital? ¿Tienes información? Es un documento en el que expresas por escrito y por anticipado las atenciones médicas que deseas o no deseas recibir si padeces una enfermedad incurable e irreversible, por si en ese momento no puedes expresarte por ti mismo. Por eso, es importante que al menos te informes y reflexiones sobre la conveniencia o no de hacerlo. Lo explicaremos en uno de los capítulos con un poco más de detalle.

El duelo lo considero un proceso de adaptación al cambio. El fallecimiento de un ser querido y cercano provoca cambios en muchos aspectos de la vida de la persona doliente. Estos cambios requieren de una actitud proactiva y facilitadora para que podamos adaptarnos a las situaciones nuevas y vencer todas las resistencias, que lo único que hacen es prolongar el dolor y el sufrimiento. Revisaremos en qué consiste la actitud proactiva, que fundamentalmente hace referencia a utilizar lo mejor de nosotros, es decir todas nuestras habilidades para que se cumpla aquello que percibimos como muy importante.

Al avanzar en este libro el lector podrá darse cuenta de que en realidad no habla de muerte sino de vida, de degustar los momentos, de dedicarse a las cosas que son importantes, de no perder el tiempo en discusiones absurdas con las personas que queremos. Simplemente debemos quererlas. En definitiva, trata de vivir intensamente hasta su último segundo, su último instante.

# 1

# VIVIMOS COMO SI LA MUERTE NO EXISTIERA

## ¿POR QUÉ NO ESTAMOS PREPARADOS PARA LA MUERTE?

«Una pregunta al Dalai Lama: ¿qué le sorprende más de la humanidad? Y él respondió: los hombres, porque pierden la salud para ganar dinero, después pierden el dinero para recuperar la salud. Y por pensar ansiosamente en el futuro no disfrutan el presente, por lo que no viven ni el presente ni el futuro. Y viven como si no tuviesen que morir nunca y mueren como si nunca hubieran vivido».

En la sociedad occidental procuramos que las condiciones económicas sean favorables, seguras y estables; obtener un trabajo de calidad y bien remunerado; tener una casa acogedora; acceder a una buena atención sanitaria, a una formación que nos dote de competencias humanas y técnicas para desarrollarnos personal, profesional y socialmente; tener ocio y tiempo para relacionarnos socialmente; ser solidarios; crear una familia; vivir en una sociedad segura en la que funcionen las instituciones públicas y privadas; que las ciudades sean saludables, sin contaminación y con zonas verdes y de recreo; en definitiva, que estemos satisfechos con nuestra vida y con nuestro entorno familiar y social. Otra cosa es si lo conseguimos, cómo y a qué precio. La realidad es muy distinta: un porcentaje muy significativo de personas pasa largas temporadas en el paro; otros tienen horarios insufribles en las empresas, con salarios bajos y poco competitivos, y dedican poco tiempo a ellos mismos, a sus familias o al ocio; otros tienen un trabajo inestable; la mayoría vive en ciudades altamente contaminadas, cada vez más inseguras y que luchan diariamente para procurarse más calidad de vida. Pero, a pesar de ello, nos encontramos en una sociedad que mira al consumo y al éxito con ojos saltones, creándose cada vez más necesidades materiales; hay muchos apasionados por las nuevas tecnologías, las apps, las redes sociales, que a veces nos causan comportamientos adictivos, que aparentemente nos acercan tanto y con tanta frecuencia. Sabemos tanto del otro y estamos tan al día, que pocas cosas nos sorprenden y eso termina por alejarnos, olvidándonos de las distancias cortas para estar con los demás, con un café o una cerveza de por medio, conversando y riendo con nuestra gente. Estamos más cerca de un amigo que vive lejos que de la propia familia. Estando en la habitación de al lado, apenas nos vemos y hablamos. Todo esto no hace que nos sintamos mejor.

Se nos envuelve en un optimismo exagerado, prácticamente se nos obliga a ser felices y a no sufrir. En este ambiente de euforia no hay sitio para la muerte, para hablar de ella, para reflexionar con serenidad sobre lo que seguramente les va a ocurrir en algún momento a las personas que queremos e incluso a nosotros mismos; la dejamos aparte, evitamos hablar sobre ella, nos produce «mal rollo» y nos afecta en el estado de ánimo. No estamos preparados para asumir la muerte como algo natural y siempre nos sorprende. Pensamos que se mueren los demás, los otros, sin darnos cuenta de que nosotros somos los demás de los otros. En mi opinión, sería interesante formar a las personas, desde pequeñas, para hablar de la muerte, saber cómo abordar y expresar las emociones, cómo gestionar la frustración y la empatía, fomentar la autonomía personal para que aprendan a asumir que la muerte forma parte de la vida cotidiana y que no es un tabú. Esto seguramente nos ayudaría a disfrutar y valorar mucho más lo que tenemos y estaríamos mejor preparados para abordar la vida sin la persona querida.

> *No estamos preparados para asumir la muerte como algo natural y siempre nos sorprende.*

Las situaciones novedosas, las que nos generan incertidumbre, las circunstancias que percibimos que nos sobrepasan, nos desbordan. Las que nos ponen en tela de juicio ante los demás nos provocan estrés y ansiedad. Todas tienen en común que en esos momentos no encontramos una respuesta adecuada a la situación, no terminamos de adaptarnos a lo que nos demanda en ese momento la circunstancia que estamos viviendo. La muerte de una persona muy cercana reúne todas las condiciones que acabo de describir. Se espere o no el fallecimiento, siempre es una situación novedosa, distinta de lo habitual. Nos genera incertidumbre sobre lo que va a pasar a partir de ese momento. Podemos sentir que la situación nos desborda, sobre todo en los primeros instantes, y nos pone en tela de juicio ante los demás. ¿Qué se espera de nosotros?, ¿cómo vamos a estar emocionalmente? Y ahora, ¿cómo nos vamos a organizar a partir del fallecimiento?

## TEMOR A LA MUERTE

> *¿Miedo a la muerte?, mientras existimos ella todavía*
> *no existe, y cuando ella existe nosotros ya no,*
> *por lo que carece de sentido angustiarse.*

EPICURO DE SAMOS

A lo largo de los siglos ha ido cambiando la percepción sobre la muerte. En la Edad Media, en los siglos XIII y XIV, la gente conocía la alta probabilidad de fallecer que tenía, por las malas condiciones de vida, enfermedades y epidemias, guerras y violencia que estaban entre las causas de muerte más frecuentes. Estaban muy familiarizados con el fallecimiento de las personas cercanas. Prácticamente no había rituales en torno a la muerte, el cadáver se enterraba en cualquier sitio, aunque la costumbre era depositarlo en los terrenos cercanos a la iglesia y en una fosa común, sobre todo si el fallecido era pobre. Los ricos se enterraban dentro de la iglesia, cerca del altar, en el centro o en los laterales, y luego se depositaban los huesos en el osario.

Como señala Philippe Ariès, historiador francés (2000):

A la muerte se la esperaba en la cama, yaciendo el enfermo en el lecho. La muerte constituía una ceremonia pública y organizada por el moribundo, la habitación del moribundo se convertía en lugar público. Debido a la familiaridad con ella, los ritos de la muerte eran aceptados, pero sin carácter dramático, sin excesivo impacto emocional. El espectáculo de los muertos, cuyos huesos afloraban a la superficie de los cementerios, no impresionaba a los vivos más que la idea de su propia muerte. Los muertos les resultaban tan familiares como familiarizados estaban ellos con su propio deceso. Tenían miedo a no ir al «cielo», y al «juicio final». En el siglo XVIII sí hay un mayor dramatismo y exaltación ante el fallecimiento del ser querido, la muerte impresiona, la emoción agita, las gentes lloran ante la separación, se inicia el luto. La muerte temida no es la de uno mismo, sino la del otro. Construyen sepulturas individualizadas, las personas visitan los cementerios para recordar al difunto y depositar flores. La muerte se considera tabú a partir del siglo XIX y eso se prolonga en el XX. Al moribundo no se le dice lo que le pasa con el ánimo de protegerlo. Ya no se muere tanto en casa y cada vez con más frecuencia se fallece en los hospitales. Se sufre en privado, una pena demasiado visible no inspira piedad sino repugnancia, señal de desequilibrio mental. Antes los niños asistían a los rituales mortuorios, estaban representados en todas las iconografías, ahora se limita su presencia en todo el proceso de muerte. Huimos de la muerte, hay una supresión casi radical en todo lo que recuerda a la muerte. Entramos en un proceso en el que se hace necesaria la felicidad, se impone el deber moral y la obligación social de contribuir a la felicidad colectiva evitando toda causa de tristeza o de hastío, simulando estar siempre bien. En el siglo XIX la muerte es objeto de negocio y de ganancia. Culto a la tumba ligada a la memoria de los difuntos.

Con la Ilustración y, sobre todo, con el rey Carlos III, llegan las leyes relacionadas con la higiene en las ciudades y pueblos. La tendencia es no enterrar dentro de las iglesias, sino en su entorno, y se empiezan a construir cementerios un poco más alejados del centro urbano, para evitar infecciones y malos olores.

La inercia que traían los siglos XIX y XX sobre la muerte llega a nuestros días con algunos cambios. Se inicia una industria funeraria especializada, con iguales de seguros de decesos y cada vez con más servicios para facilitar a los clientes la adecuación del cadáver, el velatorio y el entierro. Seguimos con el culto a las tumbas, incluso en España tenemos la festividad de Todos los Santos y de los Difuntos el 1 y 2 de noviembre. Independientemente de las creencias religiosas, es costumbre que la familia y los amigos se reúnan para asistir a los cementerios a depositar flores sobre la tumba del ser querido y homenajearle.

En el ámbito de la salud, ante las enfermedades terminales, en muchas familias sigue existiendo la conspiración del silencio, un pacto entre la familia y los profesionales sanitarios que atienden al familiar enfermo, sobre el tipo de información que se le da sobre su proceso terminal. Con el paso del tiempo, cada vez es más frecuente que los pacientes quieran saber qué les pasa, el pronóstico y alternativas de tratamientos hasta el final de su vida. Están en su derecho: deciden cómo quieren morir. Desean elegir cómo despedirse de sus familiares y amigos, y algunos no quieren prolongar la vida cuando ya no hay solución médica. Otras personas ya están haciendo su testamento vital, del que hablaremos en otro capítulo, para dejar por escrito y de manera anticipada cómo quieren morir, lo cual era impensable hace unas pocas décadas. Con los cuidados paliativos ya no se desplaza tanto la muerte, y las personas pueden morir en su propia casa, pero también en entornos especializados en atención de pacientes terminales. Les facilitan morir con el menor sufrimiento posible, y también atienden a la familia.

Antes había que mostrar públicamente la pena y ahora se sufre más en privado, en silencio. Cada vez más personas ocultan sus ojos con gafas negras durante los rituales funerarios, para que no se les vea el llanto o la expresión. Los niños siguen sin estar presentes en los rituales funerarios. Con el ánimo de protegerlos, se les aparta de la realidad, se les explica de manera incorrecta que su familiar ha muerto con frases como «el abuelo es una de las estrellas que puedes ver en el cielo». Con todos los respetos, el niño puede pensar que su abuelo es astronauta.

La incineración no estaba permitida hasta mediados o finales del siglo pasado, pero ahora es muy habitual optar por esta forma de terminar el proceso de despedida. En general, podemos concluir que existe un rechazo a todo lo que rodea a la defunción, como señala Philippe Ariès, «porque la sociedad busca el bienestar y la felicidad y encaja mal con el sufrimiento, la tristeza o la muerte» (Ariès, 2000). Quizás también por el miedo a lo desconocido que ancestralmente tiene la persona. Aunque se evidencia que la muerte es el final, no es fácil comprender desde la experiencia vital del día a día el concepto de la desaparición total, y esto nos genera incertidumbre. Las personas que tienen una creencia espiritual realizan la despedida con la esperanza de que su familiar «haya pasado a mejor vida», lo que no deja de ser un facilitador para abordar el proceso de duelo. Esto es común en la mayor parte de las religiones, aunque las diferencias están en los distintos rituales que procesan cada una de ellas.

### DOLOR Y/O SUFRIMIENTO

> *No estamos predestinados a encontrarnos mal*
> *ante los acontecimientos relacionados con la muerte*
> *de un ser querido, podemos decidir cómo queremos*
> *estar emocionalmente.*

El dolor es connatural al ser humano, pero el sufrimiento lo añadimos cada uno de nosotros ante las circunstancias que vivimos. Su intensidad va a depender mucho de cómo percibamos los acontecimientos, y sobre todo de cómo los abordemos. No estamos predeterminados a encontrarnos mal ante los acontecimientos de muerte, podemos decidir cómo queremos estar emocionalmente. Nuestro estado de ánimo se ve afectado por los acontecimientos que están ocurriendo en todo el proceso de enfermedad y fallecimiento de un familiar o un amigo. La intensidad de nuestras emociones también se va a modular o modificar según la historia vital que hayamos desarrollado a lo largo del tiempo, y principalmente por la experiencia acumulada afrontando situaciones adversas y difíciles en el día a día, como puede ser estar en el paro, abordar una separación, haber enfrentado otros procesos de duelo, la lucha contra una enfermedad propia o de algún ser querido... Seguramente ante todos estos acontecimientos vividos, se ha reunido un arsenal de habilidades, destrezas emocionales, pensamientos y comportamientos que han facilitado la salida paulatina de cada una de ellas, nos han hecho más resilientes, más fuertes anímica y conductualmente para enfrentarnos al dolor de la pérdida, reduciendo el sufrimiento innecesario.

Otro factor que afecta a nuestro estado de ánimo en los momentos de duelo es cómo nos percibimos en cuanto personas. Si has consolidado una forma negativa de relacionarte contigo, lo que llamamos una baja autoestima, va a aflorar el sentimiento de culpabilidad, focalizarás tu atención en tus cualidades negativas fortaleciendo así la inseguridad ante las situaciones que están por llegar tras el fallecimiento. Si sigues criticándote con frecuencia por no asumir errores, sin elaborar un plan de mejora, y si no sientes que mereces lo mejor en cada momento, aumenta la probabilidad de sufrir de manera más intensa y eso puede llegar a limitarte en el proceso de adaptación a una nueva forma de vida. Por el contrario, si tienes una autoestima saneada y útil aprenderás a comprenderte mejor, a focalizar la atención en tus cualidades positivas. Aprenderás, en definitiva, a darte oportunidades, una palmadita en la espalda, a buscar de nuevo ser feliz. Así eliminarás el sufrimiento y asumirás de manera natural el intenso dolor de la separación de la persona querida.

> *La aceptación del dolor y la pérdida es la clave para desarrollar un duelo normalizado.*

Lo que más nos afecta a nuestro estado de ánimo, lo que nos provoca sufrimiento y lo prolonga de manera exagerada y limitante hasta llegar incluso a la depresión, es sin duda lo que pensamos ante lo que está ocurriendo, lo que sucedió o lo que está por venir, lo que nos decimos a nosotros mismos. Podemos sentir una aflicción y una tristeza intensa y pensar «que es normal», «que ya no voy a ver más a la persona que quiero, que ya la echo de menos» y, aunque no es sencillo, asumir el dolor poco a poco; o podemos pensar que «mi vida ya no tiene sentido sin él o sin ella», que «no es justo cómo me ha tratado la vida y estoy desencantado de todo», que «ella tomaba las decisiones importantes y ahora qué va a ser de mí»… Esta es la mejor manera no solamente sentir una tristeza intensa, sino de añadir un sufrimiento tal que prolongue la situación de desorganización, descontrol y desbordamiento, que te impida elaborar un proceso normal de duelo.

La aceptación del dolor es la clave para restablecer tu vida y volver a tener un equilibrio en la parte física, psicológica y social. Es importante para abordar el momento presente y darte una oportunidad de recorrer un camino ilusionante en el futuro. La tristeza intensa y la incertidumbre son normales e inevitables desde el instante del fallecimiento. Te has convertido bruscamente en una persona doliente, siente tus emociones, reconcíliate con ellas, no las juzgues, simplemente siéntelas, por muy duro que nos parezca. La intensidad irá disminuyendo, no hay que hacer nada. Esa actitud facilitará poco a poco vivir el día a día sin la persona querida que has perdido. Expresa lo que sientes ante las personas cercanas, solamente necesitas que te escuchen y te comprendan; no busques nada más, esto será suficiente para asumir la pérdida, con mucho dolor, pero con poco sufrimiento.

# 2

# EL DUELO

*Es muy difícil aprender a volver a tomar parte activa en la vida cuando perdemos a alguien a quien amamos. Pero únicamente eso dará un sentido a la muerte del ser querido.*

ELISABETH KÜBLER-ROSS

Las personas tenemos habilidades suficientes para afrontar las cosas que nos van ocurriendo en el día a día. Situaciones rutinarias como organizar a los niños para que lleguen puntuales al colegio, hacer nuestro trabajo, relacionarnos con los compañeros, jefes, familiares, afrontar el tráfico intenso, el ajetreo de trasladarse de un lugar a otro, organizar la casa, tener nuestro ratito de ocio. Podemos sentirnos cansados, pero un poco activados, tensos por librar la batalla diaria, pero ahí seguimos. Hay un estrés positivo, que llamamos «eustrés», que nos permite tener una activación del organismo normal, suficiente y adaptada a cada situación. Esta activación afecta de manera útil a nuestros pensamientos, emociones y comportamientos. Mantenemos buenos niveles de atención, concentración y memoria para realizar con eficacia las actividades que desarrollamos, manteniendo en general un estado de ánimo estable, a pesar de que es normal tener algún pequeño contratiempo en el trabajo o en nuestra vida personal y familiar.

A veces la situación que estamos viviendo se hace más exigente, por inesperada (un diagnóstico de enfermedad), por necesidades en el trabajo (sobrecarga de tareas sin tiempo para desarrollarlas, condiciones laborales difíciles, relaciones complicadas con compañeros y jefes), por cambios vitales (separación o divorcio, dificultades económicas), por cuidar a un familiar enfermo o dependiente, entre otras razones, y percibimos que nos sobrepasa, que no tenemos recursos o habilidades suficientes para enfrentarnos, que no sabemos qué hacer, que nos desborda la situación y no tenemos una respuesta eficaz para resolverla. Sentimos el estrés negativo, lo llamamos distrés. La reacción emocional nos va a generar diversos problemas: la ansiedad, la ira, la irritabilidad, las ganas de llorar, y la depresión si esta situación estresante se prolonga en el tiempo. A partir de ese momento, es muy probable que nos sintamos cansados: disminuyen la atención, la concentración y la memoria, podemos sentir taquicardias y dolores de cabeza, sudoración, mareo, inestabilidad, preocupación y aprensión, angustia, micción más frecuente, entre otros muchos síntomas. Intentamos adaptarnos a la situación, pero no es fácil, nos va afectando en todos los ámbitos de nuestra vida, es un momento en que tenemos que tomar decisiones para hacer determinados cambios en la forma de pensar y en nuestro estilo de comportamiento. Y si las circunstancias nos siguen desbordando, tenemos que recibir ayuda psicológica.

Perder a una persona querida, con la que se han construido fuertes lazos afectivos y de relación, es una experiencia vital extraordinaria y tan dolorosa que va a provocar cambios importantes en la vida del doliente, a los que va a tener que adaptarse progresivamente. Como veremos en los siguientes capítulos, esa adaptación va a depender, de manera importante, de cómo perciba la persona doliente el proceso del fallecimiento, de la relación que mantenía con la persona fallecida, de las circunstancias de su muerte y con qué recursos cuente para abordarlo. La mayoría de las personas estamos preparadas para aceptar la pérdida de manera progresiva y adaptarnos a lo que vaya llegando. Algunas van a necesitar apoyo psicológico, pero en general terminarán adaptándose a una vida distinta.

## DUELO

*Llorar es hacer menos profundo el duelo.*
WILLIAM SHAKESPEARE

Cuando una persona a la que quieres fallece, cuando todo termina, cuando todo se reduce al recuerdo de su vida junto a ti, es el momento de iniciar una andadura a lo largo de tu tiempo, a tu ritmo, con tus emociones. Te acompañará algún miembro de la familia y posiblemente algunas amistades, pero es un camino que tendrás que recorrer desde tu intimidad, lo vas a sentir a tu manera, con tu experiencia vital, con tus habilidades, tus competencias y tu estilo de tomar decisiones y resolver problemas, que te llevarán hacia la aceptación y adaptación a una nueva forma de vivir, de relacionarte, de estar sin la persona querida. Estás en un proceso de elaboración de la pérdida, estás en un proceso de duelo y tienes que saber que es un proceso normal y no una enfermedad. Es muy probable que sientas abatimiento y tristeza, lo llamamos aflicción normal ante la pérdida. Es la reacción emocional más característica durante este periodo, durante el duelo. Lo que vas a sentir es intransferible, cada persona siente a su manera, no lo puedes comparar con lo que puede sentir otra persona, incluso con el resto de familiares. El dolor es tu experiencia subjetiva y solamente tú sabes el calado, la intensidad de ese dolor, las demás personas podrán compartir contigo la expresión y la manifestación de tu dolor, pero no lo que realmente estás sintiendo y menos su intensidad. Puedes sentir una perturbación en tus emociones, o distintas emociones y con intensidades cambiantes, puedes sentir incredulidad sobre el fallecimiento y los acontecimientos que se desencadenan en los primeros momentos. Irritabilidad, miedo, confusión, todo eso es normal y natural, estás reaccionando ante el impacto de la vivencia de la desaparición de una persona importante para ti. Es frecuente que puedas sentir síntomas de ansiedad, taquicardia, náuseas, cansancio, dolores de cabeza, muy molestos por su intensidad. Tu estado de ánimo estará bajo, sentirás desinterés, tendrás llantos frecuentes y espontáneos, insisto en que todo esto es normal y natural: siente tu dolor, no lo ocultes ni lo disfraces, ni tomes alcohol ni fármacos para poder llevarlo mejor. Esto lo tienes que vivir a tu manera, sentirlo por muy intenso que sea ese dolor en formato de angustia, culpa, ira… Tienes que sentirlo. No te preocupes por cuánto tiempo vas a pasar así, es más importante lo que vas a decidir hacer durante ese tiempo. Recuerda que cuentas con tus habilidades personales, con tu experiencia de vida, con tu biografía, para ir consiguiendo pequeñas metas de bienestar psicológico, emocional y de salud. Aunque la empresa que has iniciado no sea nada fácil, es tu empresa, tu nueva situación vital, tu siguiente oportunidad para seguir creciendo como persona.

> *Lo que vas a sentir es intransferible, cada persona siente a su manera, no te puedes comparar con lo que puede sentir otra persona, incluso con el resto de familiares.*

## FASES DEL DUELO

El proceso de duelo es una vivencia personal e intransferible a los demás. Hablamos de las fases para describir la variabilidad de los estados emocionales, las formas de pensar y los estilos de comportamiento que pueden desarrollarse durante el proceso, pero tengo que aclarar que no todas las personas van a pasar por las fases o etapas descritas y mucho menos con un orden establecido, ni se agota aquí todo lo que un ser humano puede sentir o hacer cuando la aflicción le va calando como agua de lluvia fina hasta los últimos rincones de su ser, de su vida, de su estilo de comportamiento, de su forma de estar. Por otra parte, estas fases pueden sufrir cambios importantes dependiendo de si el fallecimiento ha sido esperado o inesperado y, fundamentalmente, de las habilidades con las que cuenta la persona doliente.

*Fase de incredulidad. Nos prepara para soportar el impacto emocional*

Inmediatamente después de la muerte de la persona que quieres puedes experimentar incredulidad y tener pensamientos del tipo «me parece mentira lo que ha pasado, no me lo puedo creer, se le veía tan lleno de vida». Esta sensación es más intensa cuando la muerte ha sido inesperada y te ha impactado a todos los niveles, pero también puedes experimentarlo ante una enfermedad terminal del familiar o amigo y, posteriormente, ante su muerte. En estos primeros instantes, la ensoñación e incluso el embotamiento, te ayuda a relativizar durante un pequeño periodo de tiempo la severidad de la situación. Transitarás por un tiempo de falta de reacción emocional e incluso de falta de atención y concentración para realizar tareas sencillas y cotidianas. Nos autoaislamos emocional y psicológicamente para ir dando progresivamente respuestas más eficaces durante el proceso de duelo. Es como dar un paso atrás para ver la situación con otra perspectiva, aunque lo estemos pasando mal, y volver a avanzar enfrentándonos a lo que vaya llegando y demanden las distintas situaciones; velatorio, estancia con familiares y amigos, despedida y sepelio.

*Fase de darse cuenta realmente de la pérdida*

Tras los primeros instantes después del fallecimiento sentirás síntomas de ansiedad o nerviosismo por la separación de la persona querida, por lo irreversible de la situación y también por la incertidumbre y la desorganización, las dudas sobre qué va a pasar en los próximos días sin esa persona, cómo va a ser tu vida sin ella. Tendrás pensamientos repetitivos sobre su muerte y recuerdos de muchos momentos compartidos. La tristeza intensa y los lloros te acompañarán durante los primeros días. También los síntomas físicos, como problemas para dormir o dificultades para comer. Sentirás que no te apetece hacer nada. Es el momento de utilizar tu experiencia y tus habilidades para empezar a enfrentarte a la situación de pérdida. Tienes que echar de menos a la persona, pero rompiendo el aislamiento y haciéndote acompañar por personas entrañables, para hablar del fallecido, recordarle, desahogarte, expresar tus emociones y también empezar a hablar de otras cosas. Son momentos muy dolorosos pero necesarios para adaptarte poco a poco a la nueva situación vital. Lo que vemos como un problema, el dolor y la aflicción, forma parte de la solución, la aceptación.

## Fase de la aceptación y la adaptación

Los días van pasando y el tiempo emocional no tiene nada que ver con el tiempo cronológico. Todavía sigues sintiendo la ausencia en lo cotidiano y sufres extrañeza en los acontecimientos del día a día que compartías con la persona querida. Aun así, lo sigues haciendo con altibajos emocionales, la fuerza de la vida te va visitando y dejas que te acompañe en tus emociones para aceptar que ahora tu tiempo te pertenece, que tienes que predisponerte para estar bien sin la persona fallecida. Tu atención y concentración irán mejorando y te van a permitir conectarte con estímulos externos, trabajo, familia, hijos, amistades, descubrir nuevos intereses y entregarte a tu ocio para que te autorices a volver a reír. Has aceptado y asumido la pérdida y todavía vendrán momentos en los que te emocionarás. Me refiero a recuerdos varios, sobre todo en los aniversarios, cumpleaños, vacaciones, Navidades, fecha del fallecimiento. En todos estos acontecimientos será bueno hablar de la persona, recordarla sin olvidar que lo importante es haber vivido con ella esos instantes y lo que te ha aportado. Estás aprendiendo a vivir sin la persona fallecida. Tendrás que asumir, aprender y practicar responsabilidades que antes no tenías o no habías desarrollado porque se ocupaba de ellas la persona fallecida. Cuidar más tiempo de los hijos, comprar, cocinar, ordenar la ropa, hacer los papeleos de bancos y seguros, ordenar los papeles en casa, asistir a las visitas médicas, a las reuniones de vecinos, en definitiva, continuar viviendo y cumpliendo los objetivos del día a día, dando cada vez más importancia al momento presente e intentando planificar tu futuro, focalizando tu atención en aquellas cosas que puedas controlar. Debes tomar la decisión de seguir creciendo como persona e ir generando ilusiones en todos los ámbitos de la vida, hasta que puedas recordar a tu ser querido de manera entrañable, pero sin dolor ni sufrimiento. Habrás llegado poco a poco, a tu ritmo, con tus emociones, con tus habilidades y experiencia, con tu toma de decisiones, con los apoyos recibidos, al final del proceso del duelo. Pensabas que este momento no llegaría, pero aquí estás, estable emocionalmente y haciendo tu vida.

## TIPOS DE DUELO

Al hacer una clasificación de los tipos de duelo no pretendo ser excluyente a nivel empírico, pero me voy a centrar en las situaciones vivenciales de aquellas personas en las que he intervenido en el terreno psicológico porque no terminaban de adaptarse a la nueva situación personal tras el fallecimiento del ser querido. Describiré los casos como ejemplos y de esta forma explicaré cada una de las circunstancias de duelo.

### Duelo normal

Descrito en las páginas anteriores. Se inicia inmediatamente después del fallecimiento. La persona experimenta una aflicción, tristeza y una variabilidad importante de emociones, con intensidad cambiante. Poco a poco va asumiendo la pérdida y aunque sigue sintiendo mucho dolor con episodios espontáneos de tristeza y lloros, va aceptando la vida sin la persona fallecida, aunque le echa de menos, ya es capaz de normalizar su vida progresivamente. Aceptación y adaptación son los procesos mentales más importantes para retomar todas las responsabilidades del día a día, los síntomas de ansiedad son menos intensos y frecuentes, hasta que finaliza el duelo. La mayoría de las personas desarrollan un proceso normal y no necesitan tratamiento psicológico.

## RAFAEL SE ENFRENTÓ A LA ADVERSIDAD

Rafael tenía treinta y un años cuando acudió a consulta. Trabajaba de informático en una empresa de alimentación. Sus padres se separaron cuando él tenía veintiún años, su madre se marchó a Alemania con su nueva pareja y él vivía con su padre en Madrid. La relación entre ellos era muy buena. Rafael no tenía hermanos, pero sí un grupo de amigos y una pareja desde hacía cuatro años. Su padre, Alfonso, tenía problemas de hipertensión y obesidad y nunca se trató médicamente. Trabajaba en una sucursal bancaria y con cincuenta y seis años falleció de un infarto. A Rafael le llamaron los compañeros del trabajo de su padre y le dijeron que le habían ingresado en el Hospital de la Paz. Cuando Rafael llegó al complejo hospitalario Alfonso había fallecido.

El impacto emocional fue tremendo, durante los primeros minutos su incredulidad le sobrepasaba, se sentó en una sala de espera, no llamó a nadie y solo pensaba en ver a su padre. Me comentaba que no le salían las lágrimas y albergaba un hilo de esperanza: posiblemente se trataría de una macabra equivocación. No era consciente del tiempo que pasó inundado por sus pensamientos de incredulidad hasta que un médico le permitió ver el cuerpo de su padre. Reconoce que empezó a llorar y no era capaz de hablar, solo estaba cogido de la mano de su padre. Le comentaron que tenían que llevarse el cadáver al tanatorio del hospital hasta que se decidiera qué se haría con él, pues seguramente tendrían que hacerle la autopsia. Le ofrecieron una manzanilla y le preguntaron si le podían ayudar llamando a algún familiar. Rafael llamó a su pareja para que ella se encargara de avisar a familiares y amigos. Esperó a estar acompañado para realizar los trámites del seguro de decesos que tenía su padre y a partir de ahí los profesionales organizaron el traslado del cadáver, tras la autopsia, a un tanatorio y su incineración.

Rafael describe los primeros días como una especie de ensoñación, con lloros espontáneos, mucha tristeza y altibajos emocionales. Me explicaba que incluso sentía rabia y cabreo a veces por lo injusta que era la muerte, ya que su padre estaba lleno de vitalidad, sentido del humor y ánimo positivo, con muchos amigos y familia que le querían y no se merecía fallecer tan joven. A la semana retomó el trabajo, aunque la atención y la concentración no eran las adecuadas. Padecía nerviosismo, pero tenía que normalizar su vida. Poco a poco, junto a su pareja, decidió qué hacer con las pertenencias de su padre; fue un momento muy duro porque todo le recordaba a él, pero lo más difícil fue regresar a casa y no encontrarle. No tenía un sueño reparador, le costaba quedarse dormido y se despertaba muchas veces. Sentía mucho dolor y se desahogaba con su pareja y algún familiar. Tras las primeras semanas rompió el aislamiento y empezó a quedar con amigos y familiares para retomar sus actividades de ocio. Decidió normalizar su vida cotidiana sin su padre, aceptó y se adaptó a la nueva situación.

Tres semanas después del fallecimiento de su padre vino a consulta para saber si era normal lo que sentía y si sería capaz de sobrellevar esta situación de pena y tristeza. Le comenté que todo el proceso era normal, que había tomado decisiones correctas y que contaba con personas que le apoyaban. Tendría que convivir con el dolor de la pérdida y asumir que es el momento de echarle de menos y, al mismo tiempo, de experimentar nuevas ilusiones y establecer nuevos objetivos. Seis meses después Rafael me llamó y me comentó que, efectivamente, ya hacía una vida normal, que se acordaba mucho, pero era consciente de todo lo que su padre le aportó y esto era más importante que la pena que sentía a veces.

## Duelo anticipatorio

Ante la enfermedad terminal del familiar o una amistad muy cercana, algunas personas pueden sufrir desgaste emocional, pensamientos recurrentes sobre cómo va a ser la muerte, cómo van a abordar esos momentos y qué va a pasar después del fallecimiento. A veces desarrollan un sentimiento de culpabilidad por el deseo de que esta persona deje de sufrir y que se muera lo antes posible, aunque por otra parte no quieren que esto suceda. Pueden pensar que poniéndose en lo peor estarán mejor preparadas emocionalmente cuando llegue el momento del fallecimiento, para luego darse cuenta de que nadie está preparado para ese instante. La angustia y la preocupación sobre la situación de su familiar son muy intensas y frecuentes. Interpretan cómo estará sintiéndose la persona enferma puesto que a veces no es capaz de expresarlo, o no quiere hablar de ello, o no puede, entrando en la incertidumbre sobre si tendrá dolor o estará sufriendo mucho o si ha aceptado su propia muerte y está tranquila. En mi opinión, este proceso de duelo anticipatorio podría transformarse en una oportunidad para elaborar la despedida. Pero va a depender de si la persona enferma es consciente de su propia muerte, de su estado físico y psicológico; de que la conspiración del silencio no haya tenido lugar; de la actitud de la familia durante el proceso de enfermedad; y de si el deseo del enfermo es dejar ordenadas las cosas sobre las que todavía pueda tomar decisiones. Reconforta mucho realizar una despedida respetando lo que quiera hacer el enfermo hasta su final.

## EDUARDO ORGANIZÓ SU DESPEDIDA

María, una antigua paciente, vino a consulta porque su hermano Eduardo estaba en la fase terminal de su enfermedad, un cáncer de intestino. En el último mes se sentía deprimida, con pena por su hermano, que llevaba un año luchando con esta maldita enfermedad. Dormía mal y se pasaba el día pensando en su hermano y en si ella sería capaz de abordar su muerte, pues por muy esperada que fuese no terminaba de hacerse a la idea. Para tratar la angustia que sentía le propuse que preparara una despedida a su hermano, que le hablara de que ha merecido la pena haber convivido juntos durante esos años, de anécdotas y momentos altamente felices y de cómo habían resuelto los problemas acontecidos durante su vida y, sobre todo, lo que se habían aportado el uno al otro. María me pidió que fuese al hospital para hablar con su hermano e intentar apoyarle emocionalmente durante sus últimos días. Mientras María estaba preparando esta dolorosa despedida, le propuse a su hermano que hiciera algo por el estilo, despedirse de las personas que quisiera. Le sugerí una tarea de papel y lápiz en la que tenía que describir por qué había merecido la pena vivir y me dijo que intentaría hacerla. Eduardo, que era plenamente consciente de que no quedaba mucho tiempo para que le sedaran, le dio una vuelta al asunto y le contestó a María que estaba conforme con la propuesta. Elaboró una lista de las personas más queridas y las fue convocando una a una en su habitación del hospital para dedicarles unas palabras de despedida, no de tristeza sino de agradecimiento mutuo. María me comentó que había sido una experiencia extraordinaria, emotiva, cargada de mucho afecto, de paz, y que vio a su hermano totalmente tranquilo a pesar de su situación vital. Fue un ejemplo a seguir por su entereza y las personas de las que se despidió quedaron muy reconfortadas. Al día siguiente empezaron a sedarle y cuando el personal auxiliar arreglaba la cama, encontraron una hoja y un lápiz debajo de la almohada. En la hoja escribió por qué mereció la pena vivir y daba las gracias a su gente y, especialmente, a su hermana. Eduardo ya no se enteró de la alegría que manifestaba María, o quizá sí, no lo sé. Dos días más tarde, falleció. María afrontó el duelo de manera normal y natural, con la tranquilidad de haberse podido despedir de su hermano de manera sencilla, y haber vivido ese instante único e inolvidable con él. ¡Te felicito, María, por promover la idea de despedirte en vida y degustar ese instante!

## Duelo complicado

Hay personas que establecieron una relación de dependencia muy fuerte con la persona fallecida. Era ella la que organizaba el día a día, tomaba las decisiones importantes, resolvía los problemas que iban llegando, aportaba los amigos y promovía las actividades gratificantes. En definitiva, era quien tiraba del carro de esa relación (pareja, padres-hijos, entre hermanos, entre amigos). Estas personas experimentan el duelo y el cambio radical en su vida con dolor y tristeza y con mucho sufrimiento, ya que se perciben solas y desvalidas para afrontar la vida sin la persona de referencia. Tienen que asumir las responsabilidades delegadas y se muestran muy resistentes a los cambios a corto, medio y largo plazo, lo que les puede generar un trastorno adaptativo. Sienten un temor intenso a la separación y a la soledad, con una autoestima baja, trastornos de ánimo y de ansiedad. Si no cuentan con un apoyo social pueden anclarse en esta situación y cronificarla, no sintiéndose capaces de rehacer su vida. Es lo que llamamos duelo crónico. Todo este cuadro puede empeorar en el caso de que la muerte del allegado haya sido inesperada.

Por otra parte, hay quienes no manifiestan reacciones emocionales tras el fallecimiento de su ser querido. Aparentemente se les observa «muy enteros», como gestionando con serenidad los trámites pendientes, la atención a las personas que acuden al tanatorio y al funeral, siguen ocupándose de sus responsabilidades diarias como si no les hubiese ocurrido nada. Pero a los pocos días de haber terminado con los funerales, se inicia el proceso de duelo. Lo llamamos duelo retardado y puede ser normal o complicado, dependiendo de las circunstancias, de la personalidad y biografía del doliente, de su edad y, sobre todo, del apoyo social con el que cuente.

## ADA PUEDE VIVIR SIN BENITO

Dos años después de fallecer su marido en un accidente de coche, Ada vino a consulta para que le ayudara a salir de su estado de ansiedad y depresión. La paciente me comenta que llevaban veinte años juntos, que la relación era buena. Aunque habían pasado por varios momentos de crisis, los fueron superando. Benito era una persona muy activa, bombero en un aeropuerto, y cuando no trabajaba se ocupaba de todo. Ada es funcionaria, administrativa en un ministerio y reconoce que nunca ha tenido iniciativas ni tanto empuje como su marido. Benito se ocupaba de las tareas de la casa, llevaba los temas económicos, los seguros, el coche. Organizaba el fin de semana con los amigos. Ada dependía totalmente de él, pues era muy cómodo y se dejaba llevar, no hacía nada sin él. Cuando falleció sintió que la vida había terminado para ella. Desde ese momento había sido un calvario a pesar de que su familia le apoyaba. Había tenido varias bajas laborales por ansiedad y depresión. Siguió tratamientos psicológicos y farmacológicos que no terminan de funcionar porque los abandonaba al poco tiempo. Dejó de relacionarse con los amigos de su marido. Aislada en lo social, se limitaba a trabajar cuando estaba en condiciones de hacerlo, y a regresar a casa, comer la comida que le preparaba su madre, que vive cerca, dormir la siesta y ver la televisión hasta que se acostaba. Y vuelta a empezar. «No tengo ganas de hacer nada», decía. «No puedo vivir sin él», «siento mucha angustia», «estoy como embotada todo el día, como una sonámbula, no me concentro en nada ni me distrae nada», «le echo de menos todos los días y siento vacío, la casa se me cae encima», «no sé tomar decisiones ni tomar iniciativas».

Los objetivos que nos planteamos fueron que Ada asumiese la pérdida de su marido y tuviera una vida satisfactoria como ella decidiera tenerla. Lo primero fue hablar sobre Benito y la relación que había entre ellos. Me contó cómo murió y cómo eso le afectó a ella desde los primeros momentos de la pérdida hasta la fecha. Era muy importante facilitar a Ada la identificación, aceptación y expresión de sus emociones, hablando de su marido y orientando sus recuerdos hacia los mejores momentos vividos. Le expliqué que tenía que aceptar que lo que sentía era normal, pero que era importante hacer convivir determinadas emociones (tristeza, añoranza) con la realización de actividades cotidianas y una vida normalizada. A continuación, consensuamos los aspectos de su vida que había que cambiar y nos pusimos en marcha.

Diseñamos objetivos en todas las áreas: trabajo (tener mayor continuidad y mejorar el rendimiento), familia (disfrutar de la familia, disminuir progresivamente el apoyo recibido para aumentar la autonomía personal y la independencia emocional), amistades (contactar semanalmente con sus antiguos amigos), salud (hacer los chequeos médicos pendientes y fortalecer hábitos saludables) y ocio (realizar actividades gratificantes). También analizamos los recursos personales que había aprendido a lo largo de su experiencia vital (habilidades sociales, para organizar una casa, para gestionar su tiempo), que utilizaría para conseguir estos objetivos, junto con lo que aprendiera en terapia.

Trabajamos una actitud proactiva, para no esperar a estar bien para hacer las cosas. Para ello, iniciamos un entrenamiento en habilidades para resolver problemas cotidianos y tomar decisiones. Utilizamos la técnica para solucionar problemas de D'Zurilla y Goldfried (1971), que consta de cinco fases: primero nos «orientamos hacia el problema», es decir identificamos qué emociones nos genera (enfado, tristeza, confusión, tensión, etc.). La segunda fase hace referencia a la «definición y formulación del problema». En esta fase analizamos la situación problemática y nuestro comportamiento en ella, además de establecer los objetivos que nos gustaría alcanzar. En Ada, una situación problemática era que no se sentía capaz de tomar decisiones referentes a su economía. Su objetivo era saber gestionar toda la economía de la casa. A continuación «generamos alternativas de solución», enumerando todas las vías posibles para solucionar el problema. Algunas de las alternativas que barajó Ada fueron que sus padres realizaran todos los pagos, que controlaran las cuentas bancarias, asumir la responsabilidad de controlar la cuenta bancaria, aprender a hacer todas las gestiones y pagos, hacer una relación de ingresos y gastos. Una vez que se tienen claras todas las posibilidades se pasa a la fase de «toma de decisiones», en la que se valoran las consecuencias positivas y negativas de cada alternativa y se elige la mejor o más viable, teniendo en cuenta las circunstancias. Ada eligió asumir toda la responsabilidad de su economía para poder gestionar su casa y tener independencia de la supervisión de sus padres, que hasta entonces había sido muy estrecha. Por último procedimos a «implementar la solución elegida» de forma progresiva, y fuimos verificando si los resultados se ajustaban a lo que esperábamos conseguir. Poco a poco Ada se hizo cargo de su economía, consiguiendo el objetivo de tener cada vez más autonomía. Esta forma de trabajar la aplicó para tomar decisiones en el resto de problemas que iban surgiendo.

Por otro lado trabajamos los pensamientos que le asaltaban, su forma de pensar. Para ello, contrastamos cada pensamiento con la realidad, con hechos objetivos que apoyasen o refutasen el pensamiento. De esta forma, Ada empezó a sustituir su manera de pensar por otra más ajustada a la realidad, evitando así episodios de ansiedad y bajo estado de ánimo. Por ejemplo, Ada afirmaba no poder vivir sin su marido. La realidad es que en ese momento estaba viviendo sin él, y antes de conocerlo tuvo vida sin él, por lo tanto estamos hablando de un pensamiento asociado a un estado de ánimo que provoca dolor, pero la verdad era que podía seguir haciendo cosas e ilusionándose en su ausencia.

Además, mejoramos la autoestima y autoconfianza en su forma de hacer las cosas. Para ello, usamos la estrategia de autorrefuerzo, que consiste en halagarnos a nosotros mismos, decirnos lo bien que estamos realizando algo, nuestra capacidad para resolver un problema o para enfrentarnos a una situación, con pensamientos como: «Soy una persona competente, seguramente esto salga bien», «lo estoy haciendo muy bien, venga, con fuerza».

Aprendió a manejar la respuesta de ansiedad mediante la técnica de respiración diafragmática o abdominal. En primer lugar, hay que colocar una mano sobre el abdomen, encima del ombligo, y vaciar bien los pulmones. A continuación, se comienza a respirar profundamente llevando el aire donde está la mano, empujándola hacia arriba. Se retiene el aire unos segundos y se expulsa lentamente mientras la mano va descendiendo. Se repite este procedimiento tres veces. La respiración diafragmática se puede utilizar todas las veces que sea necesario durante el día, y con la práctica se podrá llevar a cabo de pie y durante cualquier actividad que se esté realizando.

Por último, trabajamos la planificación de actividades gratificantes, además de retomar la relación con sus amigos y, mediante actividades de ocio, conocer a gente nueva.

Paralelamente a todo esto, fuimos retirando la ayuda de su madre y su familia para las comidas y la limpieza de la casa. De esta forma, Ada fue asumiendo sus responsabilidades.

Tras ubicar el recuerdo de su marido en el lugar que le corresponde emocionalmente y autorizarse a realizar los cambios propuestos en la intervención psicológica, Ada mejoró su rendimiento laboral y la relación con su familia. A los ocho meses de tratamiento psicológico vivía ya de manera autónoma y con satisfacción.

**3**

# PROCESO DE DUELO
# ANTE EL FALLECIMIENTO ESPERADO

*Hay que esperar lo inesperado y aceptar lo inaceptable.*
*¿Qué es la muerte? Si todavía no sabemos lo que es la vida,*
*¿cómo puede inquietarnos conocer la esencia de la muerte?*

Confucio

La OMS (Organización Mundial de la Salud) define la salud como «un estado completo de bienestar físico, mental y social y no solamente la ausencia de afecciones o enfermedades». La enfermedad la define como «una alteración o desviación del estado fisiológico en una o en varias partes del cuerpo, por causas en general conocidas, manifestada por síntomas y signos característicos y cuya evolución es más o menos previsible». A esta definición tan reduccionista en lo fisiológico yo añadiría, por supuesto, la enfermedad mental y otras muchas dificultades psicológicas y emocionales que no se pueden explicar por las alteraciones cerebrales, sino por la forma en que una persona, con su biografía, se relaciona con el medio social en el que vive, sin descartar la influencia de su estado físico, pero dando más importancia a los factores de interacción y las consecuencias vitales de esas interacciones. Con todo esto quiero decir que cuando cualquiera de nosotros tiene una enfermedad, algo ocurre en uno mismo. Hay síntomas físicos propios de la patología, preocupaciones e incertidumbre sobre el posible tratamiento o intervención quirúrgica, el pronóstico y la evolución, las consecuencias de romper la dinámica del día a día, la baja laboral, estar en un contexto hospitalario o no, y también, como no puede ser de otra manera, sobre la reacción de la familia ante la situación del familiar enfermo. Estando totalmente de acuerdo con la definición de salud de la OMS, si se rompe el equilibrio del bienestar en lo físico, mental y social, algo va a pasar en la persona que sufre este desequilibrio y también en su entorno familiar, de amistades y laboral.

Cuando una persona pierde la salud se altera su rutina habitual, entra en una dinámica de desconocimiento, de incertidumbre. «No sé qué me está pasando», «qué tengo», «y este dolor ¿de dónde viene y por qué?». Siente incertidumbre y por tanto entra en crisis. Intenta enfrentar esta circunstancia como puede, toma decisiones, va al especialista y a veces eso es suficiente para adaptarse y percibir que todo transcurre de la manera esperada. Le atienden, le explican lo que está pasando y el tratamiento a seguir, regresa a casa y vuelta a la normalidad, se terminó el proceso de crisis. Esta misma circunstancia el familiar también la percibe como un proceso de incertidumbre y preocupación porque no sabe qué está pasando y si es o no es importante la sintomatología que dice padecer el enfermo. Le acompaña e intenta tranquilizarlo y animarlo durante el proceso de espera hasta que el especialista le atiende y le da las instrucciones. Volvemos todos a la rutina, maravillosa rutina que no terminamos de apreciar y valorar hasta que se rompe, y no siempre porque nos vamos de vacaciones sino porque nos pasan cosas, a veces muy adversas como es el caso de la enfermedad. Desde estas páginas te invito a degustar tu rutina, seguro que hay cosas interesantes que simplemente tienes que darte cuenta de que están ahí.

Las cosas negativas no les pasan a otros, nosotros somos los otros de los otros. A veces surge un problema de salud en uno de los nuestros o en nosotros mismos. No lo esperábamos, pero ahí está. A veces las noticias no son buenas, se confirman diagnósticos que nos enfrentan a un riesgo vital alto, podemos morir como consecuencia de esta patología. Nos puede pasar, ¿por qué no?, tú tampoco estás fuera de estas reglas del juego, te puede ocurrir.

## EL IMPACTO DE LA ENFERMEDAD EN LA FASE TERMINAL PARA EL ENFERMO Y LOS FAMILIARES

Tras un tiempo luchando contra la enfermedad, un día, en un instante, la persona enferma sufre un deterioro en su estado físico o una recaída en lo que se creía recuperado, entra en un proceso irreversible de empeoramiento de los síntomas físicos y en la fase terminal de la enfermedad. A veces esto ocurre de manera inesperada, y otras veces no porque tras los resultados de las pruebas médicas le confirman la noticia de que padece una enfermedad en un estado avanzado de evolución, y en unas semanas o meses va a fallecer. También puede ocurrir que esta información tan dura y tan difícil de asumir se le oculte a la persona enferma por petición de sus familiares más cercanos. Este acuerdo pactado con los profesionales para que el paciente no sea consciente de su gravedad o de su muerte cercana, es lo que llamamos la conspiración del silencio. Hay situaciones en que los familiares y el enfermo saben que va a fallecer y deciden no hablar de ello. Nos enfrentamos entonces a la enfermedad terminal y, como he comentado en distintas ocasiones a lo largo de estas páginas, cada persona responde o reacciona a su manera, que es diferente a la de cualquier otro ser humano.

La persona enferma puede sentir una variedad importante de emociones cuando llega al final de su vida. En consonancia con lo que nos dice la American Cancer Society, es esperable que los enfermos experimenten un «desgaste emocional» importante y pueden sentir «miedo, irritabilidad, culpa y arrepentimiento, tristeza y aflicción, ansiedad y depresión, soledad, búsqueda de sentido a la vida», entre otras emociones o planteamientos vitales. Si nos detenemos en estas emociones observaremos que pueden ser una oportunidad para identificar las necesidades que en cada momento tiene la persona enferma y ayudarle para que se sienta mejor.

## Miedo

Hay personas que focalizan su temor a la muerte en que «no quieren sentir dolor, no quieren sufrir», «no quieren morir solos». «¿Ha tenido sentido mi vida?», «¿habrá otra vida después de esta?». Con esta información la familia y los profesionales pueden facilitar al enfermo medidas para reducir el dolor, escucharle de manera activa para que pueda expresar libremente lo que siente o conversar, si el enfermo lo decide así, sobre los temas que plantea.

## Irritabilidad

Toda enfermedad se percibe como injusta e inoportuna. Llegando al final, el enfermo puede manifestar ira, irritabilidad, sobre todo con las personas que más quiere, las que están más cerca. Es difícil reconducir el enfado por la frustración que supone romper con todas tus ilusiones y planes futuros, no continuar con la familia y los amigos. La aflicción que siente por tantas cosas que va a perder puede ser muy intensa. Las personas cercanas pueden facilitar que se ventilen emociones, no hay que juzgar ni entrar al trapo de lo que pueda decirles el enfermo terminal, simplemente comprender su situación y transmitirle serenidad, ya que lo que expresa es normal.

## Culpa y arrepentimiento

Es el momento de quitarse la mochila de los *debería* del pasado: «No debería haber discutido por tonterías, lo que nos disgustó tantas veces», «tendría que haber sido más cariñoso y ahora me arrepiento». Mirar de esa manera al pasado ya no tiene sentido, provocará malestar para no resolver nada. El enfermo y la familia pueden recordar anécdotas agradables, que le hagan sentirse bien, recordar cosas por las que ha merecido la pena vivir, cosas que ha aportado a los demás y que le han aportado a él, buscar un sentido a su vida. Es más saludable emocional y cognitivamente centrarse en el momento presente, para disfrutar de lo que se tiene, tomar decisiones sobre lo que entiende que es importante, ni pasado ni futuro, el momento presente es lo que puede controlar. Si la persona enferma necesita pedir perdón por alguna razón en particular hay que facilitárselo y que se haga realidad esta necesidad. También hay que respetar su libre decisión de recibir o no atención religiosa y acercarle a este recurso.

## Ansiedad y depresión

Si el enfermo llega a tener sintomatología intensa de ansiedad y depresión, lo mejor es que la familia esté asesorada por profesionales sanitarios, fundamentalmente psicólogos, sobre cómo actuar en esos momentos. El psicólogo también puede tratar al enfermo para que gestione mejor estos últimos días de vida. Quizá se necesite tratar al enfermo con psicofármacos para que pueda estabilizar su estado de ánimo y vivir los últimos días de manera confortable, por lo que el tratamiento multidisciplinar de los cuidados paliativos es imprescindible.

## Soledad

La persona que se enfrenta a su muerte puede experimentar un sentimiento de soledad, esto no quiere decir que no esté acompañado por sus familiares y amigos, sino que el calado y la intensidad de lo que siente no es fácil compartirlo con un interlocutor que le comprenda a ese nivel. Independientemente del rol que el enfermo desempeñe en nuestra vida, pareja, hijo o hija, padre o madre, amiga o amigo, es imprescindible llegar a una comunicación íntima en la que la empatía, la confianza y la complicidad faciliten instantes de comprensión para que se sienta más reconfortado y tranquilo.

Junto con los cuidados físicos, se requiere la comunicación con los profesionales sanitarios y entre los miembros de la familia y amistades, así como estar cerca del enfermo y respetar sus decisiones sobre si quiere tener más o menos información de lo que va a pasar, cómo quiere morir, prolongar o no su vida con tratamientos médicos. Son estilos de comportamiento que van a facilitar a la persona y su entorno un final lo más confortable posible.

La familia se enfrenta seguramente al reto más importante vivido hasta entonces, que no es otro que el de enfrentarse al final de la vida de la persona a la que quieren. Tienen que abordar la ansiedad, el estrés en forma de angustia y dolor emocional, con síntomas como no dormir, cansancio, preocupación permanente y desorganización. Observar el deterioro físico y el estado de ánimo cambiante de la persona enferma provoca mucho desgaste emocional. La impotencia al no poder aliviar sus quejas en muchas ocasiones genera un sentimiento de indefensión y abatimiento, porque sabes que no puedes hacer nada. Pero al menos estás cerca de la persona para reconfortarla en lo posible. Tiene que asumir este proceso dando apoyo y cuidado a su familiar, compatibilizándolo como se pueda con la vida cotidiana y con el resto de responsabilidades laborales, el cuidado a otros miembros de la familia, hijos, tareas de casa y demás actividades diarias. No es fácil, pero hay que estar.

> *Asumir distintas responsabilidades puede ser una oportunidad para aprender nuevas competencias y facilitar el desarrollo personal.*

Para enfrentarse a la situación de enfermedad, la familia siempre cuenta con la experiencia vital de cada uno de sus miembros, con su estilo de relacionarse entre todos, la relación con la persona enferma, la forma en que resuelven conflictos como grupo, cómo toman decisiones, y la cohesión entre los familiares. Hay que tener en cuenta que enfrentarse a una enfermedad terminal de un familiar puede desencadenar muchos conflictos, como consecuencia de la participación en el cuidado del enfermo y la organización necesaria para adaptarse a los cambios que se van a producir en la dinámica familiar durante la enfermedad, el fallecimiento y el duelo. Uno de los aspectos importantes hace referencia a las consecuencias económicas si la persona que va a fallecer aporta su salario. Esto provoca cambios significativos en la vida de cada uno de los miembros de la familia, cambios en sus responsabilidades cotidianas. La pareja va a tener que buscar trabajo para resolver el problema económico. Seguramente, la organización de la casa será distinta. Los hijos van a estar más tiempo solos o estarán cuidados por otras personas y tendrán que asumir más responsabilidades dentro y fuera de casa. Posiblemente algún proyecto familiar o personal se frustre por ser inviable en ese momento. En definitiva, todos y cada uno de los miembros de la familia van a tener que asumir y aceptar cambios en su vida, que, aunque en un primer momento puedan percibirse como algo negativo, quizás sean una oportunidad para aprender nuevas competencias y facilitar el desarrollo personal.

Mi profesión de psicólogo me ha permitido conocer a muchas personas que cuidan de su familiar desde hace tiempo, con un final de muerte. Las personas que cuidan al familiar enfermo tienen dificultades para verse sustituidas en esa labor por otros familiares, por lo que sienten soledad ante la fase terminal de su familiar o amistad. Manifiestan que padecen nerviosismo permanente y preocupaciones que no son capaces de quitarse de la cabeza. Sienten que no tienen vida propia, tienen un estado de ánimo bajo, sin ganas de hacer nada, están cansadas, con dificultades para dormir. Dedican muchas horas o están a tiempo completo con el familiar, creen que no se les reconoce la labor que están haciendo y por la que han perdido momentos gratificantes de su vida personal. Se sienten permanentemente responsables de la calidad de vida de la persona enferma, y en la mayoría de los casos son testigos del deterioro progresivo de su estado físico.

En muchas ocasiones no podemos controlar los acontecimientos, por ejemplo la enfermedad de la persona que queremos. Pero sí podemos controlar la forma de abordarlos, de tomar decisiones y manifestar un estilo de comportamiento que permita estar bien con nosotros mismos e influir en las personas de nuestro entorno de manera útil y constructiva. Podemos dar lo mejor de nosotros estemos donde estemos y con quien estemos, incluso en momentos tan difíciles como una enfermedad en fase terminal. En otro punto hablaremos de estrategias y pautas a seguir para que la familia aborde esta situación difícil, organizándose para convivir con esta fase de la enfermedad, y comentaremos lo que se puede aportar a la persona enferma; hablaremos del apoyo y acompañamiento emocional hasta el final. Menos mal que los profesionales de los cuidados paliativos acompañan a la familia y al enfermo en los momentos más difíciles y realizan un apoyo médico y emocional extraordinario. Aunque luego hablaré de estos profesionales, aquí va mi más sentido reconocimiento y admiración por la labor que realizan.

## LA CONSPIRACIÓN DEL SILENCIO

*La comunicación que se establece entre los profesionales sanitarios, la familia y la persona enferma debe ser empática y, sobre todo, sincera, pero adaptada a las características y circunstancias del paciente.*

Si revisamos la Ley 41/2002, de 14 de noviembre, básica reguladora de la autonomía del paciente y de derechos y obligaciones en materia de información y documentación clínica, vemos que varios artículos hacen referencia al derecho del paciente a ser informado de su diagnóstico, evolución y pronóstico. Aunque solamente mencionaré algunos artículos, recomiendo la lectura completa de dicha Ley.

Artículo 2.   Principios básicos.
1) La dignidad de la persona humana, el respeto a la autonomía de su voluntad y a su intimidad orientarán toda la actividad encaminada a obtener, utilizar, archivar, custodiar y transmitir la información y la documentación clínica.
2) Toda actuación en el ámbito de la sanidad requiere, con carácter general, el previo consentimiento de los pacientes o usuarios. El consentimiento, que debe obtenerse después de que el paciente reciba una información adecuada, se hará por escrito en los supuestos previstos en la Ley.
3) El paciente o usuario tiene derecho a decidir libremente, después de recibir la información adecuada, entre las opciones clínicas disponibles.
4) Todo paciente o usuario tiene derecho a negarse al tratamiento, excepto en los casos determinados en la Ley. Su negativa al tratamiento constará por escrito.
5) Todo profesional que interviene en la actividad asistencial está obligado no solo a la correcta prestación de sus técnicas, sino al cumplimiento de los deberes de información y de documentación clínica, y al respeto de las decisiones adoptadas libre y voluntariamente por el paciente.

Artículo 4.   Derecho a la información asistencial.
1) Los pacientes tienen derecho a conocer, con motivo de cualquier actuación en el ámbito de su salud, toda la in-

formación disponible sobre la misma, salvando los supuestos exceptuados por la Ley. Además, toda persona tiene derecho a que se respete su voluntad de no ser informada. La información, que como regla general se proporcionará verbalmente dejando constancia en la historia clínica, comprende, como mínimo, la finalidad y la naturaleza de cada intervención, sus riesgos y sus consecuencias.

2) La información clínica forma parte de todas las actuaciones asistenciales, será verdadera, se comunicará al paciente de forma comprensible y adecuada a sus necesidades y le ayudará a tomar decisiones de acuerdo con su propia y libre voluntad.

3) El médico responsable del paciente le garantiza el cumplimiento de su derecho a la información. Los profesionales que le atiendan durante el proceso asistencial o le apliquen una técnica o un procedimiento concreto también serán responsables de informarle.

Artículo 5.    Titular del derecho a la información asistencial.

1) El titular del derecho a la información es el paciente. También serán informadas las personas vinculadas a él, por razones familiares o, de hecho, en la medida que el paciente lo permita de manera expresa o tácita.

2) El paciente será informado, incluso en caso de incapacidad, de modo adecuado a sus posibilidades de comprensión, cumpliendo con el deber de informar también a su representante legal.

3) Cuando el paciente, según el criterio del médico que le asiste, carezca de capacidad para entender la información

a causa de su estado físico o psíquico, la información se pondrá en conocimiento de las personas vinculadas a él por razones familiares o de hecho.

4)  El derecho a la información sanitaria de los pacientes puede limitarse por la existencia acreditada de un estado de necesidad terapéutica. Se entenderá por necesidad terapéutica la facultad del médico para actuar profesionalmente sin informar antes al paciente, cuando por razones objetivas el conocimiento de su propia situación pueda perjudicar su salud de manera grave. Llegado este caso, el médico dejará constancia razonada de las circunstancias en la historia clínica y comunicará su decisión a las personas vinculadas al paciente por razones familiares o de hecho.

Artículo 7.   El derecho a la intimidad.

1)  Toda persona tiene derecho a que se respete el carácter confidencial de los datos referentes a su salud, y a que nadie pueda acceder a ellos sin previa autorización amparada por la Ley.

Artículo 8.   Consentimiento informado.

1)  Toda actuación en el ámbito de la salud de un paciente necesita el consentimiento libre y voluntario del afectado, una vez que, recibida la información prevista en el artículo 4, haya valorado las opciones propias del caso.

2)  El consentimiento será verbal por regla general. Sin embargo, se prestará por escrito en los casos siguientes: intervención quirúrgica, procedimientos diagnósticos y terapéuticos invasores y, en general, aplicación de procedimientos

que suponen riesgos o inconvenientes de notoria y previsible repercusión negativa sobre la salud del paciente.

3) El consentimiento escrito del paciente será necesario para cada una de las actuaciones especificadas en el punto anterior de este artículo, dejando a salvo la posibilidad de incorporar anejos y otros datos de carácter general, y tendrá información suficiente sobre el procedimiento de aplicación y sobre sus riesgos.

4) Todo paciente o usuario tiene derecho a ser advertido sobre la posibilidad de utilizar los procedimientos de pronóstico, diagnóstico y terapéuticos que se le apliquen en un proyecto docente o de investigación, que en ningún caso podrá comportar riesgo adicional para su salud.

5) El paciente puede revocar libremente por escrito su consentimiento en cualquier momento.

Artículo 9.   Límites del consentimiento informado y consentimiento por representación.

1) La renuncia del paciente a recibir información está limitada por el interés de la salud del propio paciente, de terceros, de la colectividad y por las exigencias terapéuticas del caso. Cuando el paciente manifieste expresamente su deseo de no ser informado, se respetará su voluntad haciendo constar su renuncia documentalmente, sin perjuicio de la obtención de su consentimiento previo para la intervención.

2) Los facultativos podrán llevar a cabo las intervenciones clínicas indispensables en favor de la salud del paciente, sin necesidad de contar con su consentimiento, en los siguientes casos:

a)  Cuando existe riesgo para la salud pública a causa de razones sanitarias establecidas por la Ley. En todo caso, una vez adoptadas las medidas pertinentes, de conformidad con lo establecido en la Ley Orgánica 3/1986, se comunicarán a la autoridad judicial en el plazo máximo de 24 horas siempre que dispongan el internamiento obligatorio de personas.

b)  Cuando existe riesgo inmediato grave para la integridad física o psíquica del enfermo y no es posible conseguir su autorización, consultando, cuando las circunstancias lo permitan, a sus familiares o a las personas vinculadas de hecho a él.

3)  Se otorgará el consentimiento por representación en los siguientes supuestos:

a)  Cuando el paciente no sea capaz de tomar decisiones, a criterio del médico responsable de la asistencia, o su estado físico o psíquico no le permita hacerse cargo de su situación. Si el paciente carece de representante legal, el consentimiento lo prestarán las personas vinculadas a él por razones familiares o de hecho.

b)  Cuando el paciente esté incapacitado legalmente.

c)  Cuando el paciente menor de edad no sea capaz intelectual ni emocionalmente de comprender el alcance de la intervención. En este caso, el consentimiento lo dará el representante legal del menor después de haber escuchado su opinión si tiene doce años cumplidos. Cuando se trate de menores no incapaces ni incapacitados, pero emancipados o con dieciséis años cumplidos, no cabe prestar el consentimiento por representación. Sin embargo, en caso de actuación de grave riesgo, según el criterio del facultativo, los padres serán informados y su opinión será tenida en cuenta para la toma de la decisión correspondiente.

4) La interrupción voluntaria del embarazo, la práctica de ensayos clínicos y la práctica de técnicas de reproducción humana asistida se rigen por lo establecido con carácter general sobre la mayoría de edad y por las disposiciones especiales de aplicación.

5) La prestación del consentimiento por representación será adecuada a las circunstancias y proporcionada a las necesidades que haya que atender, siempre en favor del paciente y con respeto a su dignidad personal. El paciente participará en la medida de lo posible en la toma de decisiones a lo largo del proceso sanitario.

Artículo 10.   Condiciones de la información y consentimiento por escrito.

1) El facultativo proporcionará al paciente, antes de recabar su consentimiento escrito, la información básica siguiente:

   a) Las consecuencias relevantes o de importancia que la intervención origina con seguridad.

   b) Los riesgos relacionados con las circunstancias personales o profesionales del paciente.

   c) Los riesgos probables en condiciones normales, conforme a la experiencia y al estado de la ciencia o directamente relacionados con el tipo de intervención.

   d) Las contraindicaciones.

2) El médico responsable deberá ponderar en cada caso que cuanto más dudoso sea el resultado de una intervención más necesario resulta el previo consentimiento por escrito del paciente.

Teniendo en cuenta estos artículos considero que la comunicación que se establece entre los profesionales sanitarios, la familia y la persona enferma debe ser empática y sobre todo sincera, pero adaptada a las características y circunstancias del paciente. En ocasiones, la información sobre el pronóstico o sobre la cercanía de la muerte hay que dosificarla de tal manera que el paciente vaya tolerando su situación, pero siempre basada en la verdad. En mi opinión, el paciente tiene que saber a lo que se enfrenta, conocer no solamente su diagnóstico, sino que el final de su vida está cerca. Tenemos que respetar sus decisiones, cómo quiere pasar o qué quiere hacer en sus últimos días. Cosas que considera que están pendientes y quiere solucionar, cómo quiere despedirse de las personas que le interesan y qué tipo de cuidados quiere recibir en el terreno médico, psicológico y personal. No debemos privarle de esta posibilidad de decidir, a no ser que el propio paciente lo disponga.

Hay familias que intentan sobreprotegerlo para que no sufra más, desean lo mejor para él y con la mejor intención, por supuesto, les piden a los profesionales sanitarios que no le digan toda la verdad o no le digan nada al paciente. Se inicia un proceso de silencio, no se habla de la fase terminal, las personas que le visitan disimulan intentando controlar la manifestación de las emociones e incluso algún familiar o amistad le genera falsas esperanzas: «Tranquila que verás cómo mejoras poco a poco». Entramos en un proceso de interacción entre todas las partes implicadas que llamamos la conspiración del silencio. Barbero (2006), la define «como el acuerdo implícito o explícito, por parte de familiares, amigos y/o profesionales, de alterar la información que se le da al paciente con el fin de ocultarle el diagnóstico y/o pronóstico y/o gravedad de la situación». Todavía hay un porcentaje significativo de pacientes terminales que no conoce el pronóstico de su enfermedad, aunque sí el diagnóstico. Con ello a veces les estamos privando de tener una muerte digna, que no significa solamente ausencia de dolor, sino perder la oportunidad de decidir sobre una situación tan importante como la de su propia muerte, de expresar lo que siente, de desahogarse. Al paciente le viene muy bien poder expresar sus inquietudes para que las personas que le acompañan puedan escucharle, comprenderle y satisfacer sus necesidades. Con la veracidad de la información aumenta la confianza. El paciente se da cuenta de que no le están diciendo la verdad en muchos casos, él mismo sabe que poco a poco va a peor en su condición física, reconoce el lugar en el que está, si está en un ambiente hospitalario, el tipo de tratamiento médico que ha recibido. En general, son demasiadas pistas como para llegar a la conclusión de que no tiene cura su enfermedad y espera a la muerte. Esta situación genera mucha angustia al paciente por no poder hablar sinceramente con sus interlocutores. Es importante respetar las decisiones del enfermo y si solicita información sobre su situación vital, hay que dársela, está en su derecho según hemos leído en los artículos expuestos anteriormente. En definitiva, recomiendo romper la conspiración del silencio para que el paciente tenga una actitud activa ante los últimos días de su vida, desde la confianza, la comprensión y la cercanía de sus seres queridos. No le excluyamos cuando más nos necesita.

## ACOMPAÑAMIENTO EMOCIONAL AL ENFERMO Y LA FAMILIA DURANTE LA ENFERMEDAD TERMINAL

> *Te vas a morir en el último segundo. Por lo que veo, este no es tu último segundo, así que podemos hacer cosas, las que puedas hacer.*

En este punto voy a describir mi trabajo cuando la familia se pone en contacto conmigo para iniciar un acompañamiento emocional a la persona enferma, familiares más cercanos y amistades íntimas. Mi experiencia se basa en el trabajo con enfermos que saben que van a fallecer y deciden junto a su familia y amigos tener una guía, una orientación psicológica para abordar este proceso terminal. Esta metodología puede aplicarse también a los familiares que han iniciado un duelo como consecuencia de una pérdida inesperada, cambiando algunos matices que explicaré un poco más adelante. Hay que tener en cuenta que todo lo que describo en estas líneas hay que adaptarlo a las características particulares de todas las personas que participan en este proceso de acompañamiento emocional. No pretendo que esta propuesta se considere imprescindible, simplemente describo una manera de trabajar desde la comprensión de la situación por la que están pasando estas personas y facilitar que utilicen sus habilidades para vivir estos momentos de forma sentida pero serena.

1.  *Presentación y detección de necesidades*

Suelo trasladarme al lugar donde está la persona enferma, a su domicilio, hospital o residencia. Nos presentamos y hablamos de su situación emocional, sus preocupaciones, si tiene sintomatología de ansiedad, depresión, de cómo se siente, si conoce o no su pronóstico, si sabe que su muerte está próxima. Poco a poco, vamos detectando sus necesidades a nivel psicológico.

Con frecuencia, las necesidades tienen que ver con que se sienten aislados emocionalmente, en soledad ante sus emociones. Reconocen sus reacciones de ira, otras veces sienten tristeza y no tienen ganas de nada.

Es una buena oportunidad para conocer a los miembros de su familia e incluso a sus amistades más íntimas. Mediante una conversación distendida vamos comprendiendo cómo está llevando cada uno la enfermedad terminal, sus preocupaciones, su estado emocional. Fundamentalmente, tienen la necesidad de saber si lo están haciendo bien o qué pueden hacer para estar con el enfermo de la mejor manera posible. Quieren saber cómo comunicarse y si es bueno expresar lo que sienten cuando están junto al paciente o deben disimular y ocultárselo para no provocarle más disgusto o tristeza.

## 2.  *Objetivos*

Una vez recogida toda la información y detectadas las necesidades del enfermo y su entorno, diseño los objetivos que vamos a trabajar. Son sencillos, los priorizamos y los vamos desarrollando hasta donde nos dé tiempo, sin presiones, sin falsas expectativas, hasta donde se pueda. Algunos serán individuales, pero la mayoría de ellos serán objetivos compartidos, de trabajo en equipo. No se trata de hacer terapia a nivel psicológico, se trata de que cada persona se implique en el proceso, aportando lo mejor en cada momento. Algunos de los objetivos que trabajo con más frecuencia a nivel grupal son:

a.   Escucha activa, empatía y cómo transmitir mensajes claros.

b.   Validar las emociones y expresarlas. Ventilar las emociones.

c.   Convivir con la discrepancia.

d.   Tomar decisiones. Elaborar el listado de temas pendientes que hay que abordar.

e.   Predisposición a centrarse en el momento presente. Planificar el día. Estar activo utilizando tus recursos hasta el final.

## 3. Nos ponemos en marcha

Después de consensuar los objetivos por todas las personas implicadas, iniciamos el plan de entrenamiento que describo a continuación. Es un plan de trabajo general que lógicamente hay que adaptar a las características de la situación de cada paciente. Aun así, se pueden extraer ideas útiles para que el lector las aplique cuando lo necesite. Estos objetivos propuestos no agotan las distintas posibilidades para abordar los últimos días de la persona enferma, pero es una metodología de trabajo que facilita que las personas estén reconfortadas.

«Te vas a morir en el último segundo, por lo que veo, este no es tu último segundo, así que podemos hacer cosas, las que puedas hacer. Vamos a degustar el momento presente, planificando el día y utilizando las habilidades que tienes y que están intactas». Es mi forma de empezar a trabajar con la persona enferma, predisponiéndole a la acción y no a la pasividad, a utilizar sus recursos para que pueda seguir tomando decisiones sobre sus últimos días. A los familiares y amigos les pido que se impliquen en este proceso de manera activa, que pasen de una actitud de espera de la muerte de su ser querido a estar conviviendo de manera útil con él hasta el final.

## 4. El plan de trabajo

a. *Escucha activa, empatía y cómo transmitir mensajes claros.*
En esta fase del proceso vital no se necesitan discursos ni conversaciones muy prolongadas, no es necesario hablar pa-

ra romper el silencio que nos incomoda. Muy al contrario, necesitamos simplemente observar y escuchar de manera activa. Es muy sencillo dar señales de escucha a la persona que nos habla, entendiendo que puede haber situaciones en que la atención no sea la mejor posible, si nos proponemos escuchar de manera serena lo conseguiremos. Para esto hay que estar cerca, mirarles a los ojos, asentir con la cabeza, focalizar la atención en su mensaje, emitir murmullos de aprobación, preguntar para aclarar puntos, no interrumpir y resumir lo importante del mensaje. Tenemos que ser responsivos y estar pendientes de las demandas y necesidades de nuestro interlocutor, sea quien sea. Es el momento de poner en palabras y gestos lo que decimos, de tal manera que lo que queremos decir sea realmente lo que decimos, así generamos un clima de confianza entre todos, imprescindible para reducir la ansiedad y la incertidumbre.

Comprender al otro es la clave, hacerle ver que entendemos su situación, en definitiva empatizar y estar cerca es lo que más reconforta a las personas. No podemos quitarnos el dolor, pero podemos compartirlo desde la comprensión, sin juzgar, simplemente estar y respetar. Utilizar mensajes sencillos y de corta duración, porque no estamos pasando por un momento adecuado para atender durante mucho tiempo a una conversación.

b.  *Validar las emociones y expresarlas. Ventilar las emociones.*

Miguel Costa y Ernesto López (2006), en su libro *Manual para la ayuda psicológica*, dan una propuesta muy útil sobre lo que tenemos que hacer con las emociones. Los autores hablan de tener en cuenta unos pasos que nos van a facilitar convivir adecuadamente con nuestras emociones. Lo primero que tenemos que hacer es «cambiar nuestro lenguaje interno». Para conseguir esto «no debemos ponernos etiquetas ni hacer juicios de valor sobre nosotros mismos»; por el contrario, «tenemos que describir lo que sentimos». «Es una manera de diferenciar la emoción como un hecho circunstancial y pasajero, de la emoción como algo permanente». Ejemplo: cambia «soy muy nervioso» por «en este momento siento ansiedad». Lo segundo que tenemos que hacer, dicen estos autores, es «validar las emociones». «En la estrategia de validación se normalizan las emociones que se sienten no amplificándolas más de lo que pudieran estarlo». Ejemplo: «Tengo un estado de ánimo bajo, es normal, puede ocurrir». Lo tercero que tenemos que tener en cuenta es «aceptar las emociones». «Neutralizar cualquier opción de intentar bloquear o poner freno a la expresión emocional». Ejemplo: «Tengo ansiedad, es normal». «No haré nada. Ya sé qué evolución tiene y lo único que he de hacer es esperar, terminará por bajar. Me noto la boca seca, lo mejor será tomar un vaso de agua». El cuarto paso que podemos dar hace referencia a «ventilar las emociones», «verbalizando lo sucedido, lo que sentimos, a alguien de confianza», también podemos hacerlo por escrito.

Es una propuesta que sigo al pie de la letra en este entrenamiento, consiguiendo que las personas que están pasando por un momento complicado, aprendan a reconciliarse con ellas mismas y consoliden la idea de que la presencia de las emociones nunca es un problema si las expresamos adecuadamente, y si las aceptamos.

c. *Convivir con la discrepancia.*

Por lo general, una vez que hemos dado nuestra opinión sobre cualquier asunto, la mayoría de las personas cometemos el error de intentar convencer inmediatamente al otro de que tenemos razón, de que nuestros argumentos son los correctos. La mayor parte de las discusiones cotidianas se generan por este proceso. Queremos escuchar lo que se adapta mejor a nuestro punto de vista, nos cuesta convivir con la discrepancia. Si no tenemos que tomar una decisión no hace falta llegar a un acuerdo o a un consenso, solamente tenemos que exponer nuestra opinión y enriquecernos con las que son distintas. Si lo pensamos un momento, lo natural es la discrepancia, porque cada persona tiene una biografía distinta y, por lo tanto, es normal que tengan visiones distintas sobre las mismas cosas. Lo extraño es que piensen y sientan lo mismo.

Cuando nos enfrentamos a los últimos días de una persona a la que queremos, es muy probable que nuestras emociones estén alteradas, que no pensemos con claridad, que notemos ansiedad y cansancio. En estas condiciones se nos hace más difícil ser flexibles en nuestros planteamientos y pensamos que los demás deberían pensar y hacer lo que consideramos correcto. Intentamos convencerles a toda costa. Aquí se hace necesario que nos atrevamos a decir aquello que hemos decidido contar, respetando a la persona con la que estamos interaccionando en ese momento. Tenemos que ser facilitadores de que las personas que estén con nosotros se sientan reconfortadas, libres para tomar decisiones, para expresar sus opiniones y sentimientos y, sobre todo, para acompañar estando cerca. Son instantes para comprender y entender, no para convencer.

El paciente a veces es muy demandante de que esté a su lado una determinada persona, otras veces no dice nada, otras veces puede quejarse por todo. Le explico junto a su familia que es normal todo lo que siente y hace, pero cada instante es una oportunidad para estar juntos y seguir aprendiendo unos de otros, incluso en los momentos más difíciles. Cada uno aporta su forma de estar, sus opiniones y su sensibilidad, lo que entiende como lo mejor de sí mismo. Como comentaré un poco más adelante, la comunicación es un ambiente que tenemos que crear entre todos para que después sea más fácil conversar, opinar y respetar.

d.  *Tomar decisiones. Elaborar el listado de temas pendientes que hay que abordar.*

El paciente tiene todo el derecho a decidir sobre lo que le afecta a nivel físico, psicológico y familiar-social. Preservar su dignidad hasta el final es altamente satisfactorio en estos momentos y tenemos que facilitarle que siga siendo autónomo para elegir, para tomar decisiones. Le propongo elaborar una lista de asuntos pendientes que le gustaría resolver, con lo que puede hacer para abordarlos, que elija quién le puede ayudar para cada uno de estos temas y se ponga en marcha. Los asuntos pendientes pueden ser muy variados y lógicamente dependerá de las circunstancias de cada paciente. Temas como «quiero que mis hijos vayan a determinado colegio», estrategias para resolver una deuda en el banco y otros papeleos sobre asuntos materiales, «la mascota podría quedarse con mi hermana», «quiero que me entierren en mi pueblo, donde nací», pedirle a la familia y amigos que sigan contando con su mujer y sus hijos, etc. Dirigidos por sus orientaciones, le vamos facilitando la gestión de sus cosas de manera progresiva, hasta donde podamos, lo que dé tiempo, y le vamos informando de lo realizado.

e. *Predisposición a centrarse en el momento presente. Planificar el día. Estar activo utilizando sus recursos hasta el final.*

Todo ocurre en el momento presente, la mayor parte de las cosas que podemos controlar ocurren en el aquí y el ahora. Animo al paciente, la familia y los amigos a que utilicen todas las habilidades posibles para hacer lo que puedan hacer en cada momento. Las cosas importantes son las que tienen que ocurrir y desechar las que no lo son. El día hay que planificarlo y el paciente tiene que estar ocupado en aquellas cosas que pueda hacer, hablar, mirar, tocar, escuchar, leer, escribir, lo que pueda, y si no puede hacer nada de esto, simplemente estar con las personas que decida en cada momento, y lo más tranquilos posible. Intentemos que se sienta útil y de esta manera que se centre en otros aspectos que no sean la sintomatología de su proceso de enfermedad.

## 5.  *Preparar la despedida*

Cuando trabajo con enfermos en su fase terminal, y por supuesto respetando las decisiones del paciente y la familia, les planteo que pueden decidir cómo quieren despedirse de las personas con las que ha merecido la pena estar, con las que han mantenido una relación afectiva de calado. La mayoría de los enfermos con los que he trabajado me reconocieron que había sido muy emotivo y reconfortante al mismo tiempo, es como cerrar bien una vivencia, una historia compartida con final inoportuno pero aceptado.

Se trata de organizar un acto muy sencillo y adaptado al deseo del paciente. Puede preparar unas palabras a la familia y al grupo de amigos, individualmente con cada una de las personas, presencialmente o por escrito, y también puede grabar un vídeo, entre otras maneras de hacerlo. Le pido que escriba o que les diga por qué ha merecido la pena haber estado juntos y compartir el viaje vital, qué se han aportado mutuamente. Es una oportunidad para dar gracias e incluso pedir perdón si con ello se siente a gusto. Con este acto pretendo que el paciente experimente las dos grandes emociones que necesita el ser humano para ser feliz y, en mi opinión, las más importantes, que son la de sentir que quiere a otras personas y sentirse querido por ellas. Qué mejor manera de finalizar una vida.

## EL FINAL DE SU VIDA E INICIO DEL DUELO.
## COMUNICACIÓN A LA FAMILIA

> *La comunicación es un proceso mucho más grande que una mera conversación. Es un ambiente que tenemos que crear para que sea más fácil hablar, o simplemente mirar y asentir, escuchar o estar en silencio.*

Durante la enfermedad tenemos que ir informando progresivamente de la situación vital del paciente a todas las personas que entendemos son las importantes para él y la familia. De esta manera cada uno va asumiendo y aceptando poco a poco la realidad, provocando un duelo anticipado. Para comunicar una mala noticia como es la del fallecimiento de nuestro ser querido, tenemos que focalizar la atención en nuestro lenguaje verbal, lo que vamos a decir, y sobre todo en el lenguaje no verbal, cómo lo vamos a decir. Y siempre adaptándonos a nuestro interlocutor. En el proceso de comunicación se transmite información que llega a la cabeza, el contenido del mensaje verbal, pero también información que llega al corazón, a las emociones y a los sentimientos. Sabemos que la información que vamos a dar afectará enormemente a la persona a la que nos dirigimos y por esa razón doy unas pautas que pueden ayudar en esos momentos.

- La comunicación es un proceso mucho más grande que una mera conversación. Es un ambiente que tenemos que crear para que sea más fácil hablar, o simplemente mirar y asentir, escuchar o estar en silencio. Tenemos que elegir un momento adecuado y un lugar discreto para transmitir la mala noticia y facilitar así el desahogo emocional y la expresión de todo tipo de sentimientos.

- En este ambiente facilitador mantendremos el contacto ocular, pronunciaremos su nombre con un tono de voz audible y lo más sereno posible, le diremos que el familiar ha muerto. Le expresamos nuestras emociones, lloros, tristeza profunda. Se inicia el duelo en los miembros de la familia y en las amistades. La comunicación no verbal adquiere una importancia extraordinaria, ya no son tan necesarias las palabras, sino la expresión de las emociones a través de la mirada, los gestos de la cara, la proximidad y el contacto físico.

- Es el momento de tener contacto físico, cogerle de la mano, darle un abrazo y, desde la cercanía, comentarle que estamos juntos en estos momentos difíciles y que tenemos que estar lo más unidos posible. A partir de ese instante debemos escuchar más que hablar y comprender las reacciones de la persona con la que estamos.

- Si se lo tenemos que transmitir a un niño, hay que recordarle que el familiar (papá, mamá, hermano, hermana, abuelo, abuela, amigo) ha estado enfermo durante un tiempo como él ya sabe, y que al final no se ha podido curar, ha muerto y ya no estará con nosotros. Todos estamos muy tristes y le vamos a echar de menos. Es importante tener un contacto físico con el niño y dejar que manifieste sus emociones de manera espontánea, que pregunte y le iremos contestando. Estaremos cerca para que se sienta acompañado y le diremos que seguimos cuidándole y queriéndole para que esté más tranquilo. Hay que utilizar mensajes claros y cerciorarnos de que nos está atendiendo. Explicarle qué es la muerte a su nivel de comprensión, utilizando un lenguaje sencillo y verdadero, sin metáforas o frases que, con el objetivo de minimizar el dolor, puedan confundirle o hacer que malinterprete lo que le estamos diciendo. Hay que tener en cuenta que la expresión de sus emociones puede ser distinta a la de los adultos, lo expresa con enfados, a veces con agresividad, no durmiendo o no comiendo bien. También podemos utilizar cuentos para trabajar el concepto de muerte con los niños, para distintas edades. En la bibliografía os recomendaré alguno de ellos.

## LUIS

*Tus poemas huyeron de los libros,*
*saltaron del papel, Miguel,*
*y ahora viven aquí,*
*por las calles de Colme,*
*por los muros de Colme, Miguel,*
*querido compañero del alma,*
*Miguel.*

LUIS SANTOS

Anita vino a la consulta en el Centro de Psicología Álava Reyes una mañana del mes de enero de 2014. Me conocía porque leyó mi libro *La soledad del cuidador*. Anita le había sugerido a Luis la noche anterior, en el hospital, la idea de buscar apoyo profesional de alguien especial, muy preparado en el acompañamiento de la enfermedad terminal, para ayudarles en esta última etapa de la vida. Luis estuvo muy receptivo y de acuerdo con la propuesta de Anita. Vieron importante la preparación para que Luis pudiera afrontar mejor los últimos meses de vida, y para que ella recibiera la ayuda necesaria para abordar la enfermedad terminal de su marido, realizar el mejor de los cuidados y acompañarle en esta última fase. En ese momento, Luis estaba ingresado en la Clínica Anderson de Madrid por insuficiencia renal.

Todo empezó en junio del 2011. Luis estaba recorriendo el Camino de Santiago y se sintió mal, como con gripe, y el médico le aconsejó regresar a casa. A los dos días sufrió un ictus del que, poco a poco, tras varios meses se fue recuperando, pero al darle el alta le dijeron que su hígado no estaba bien. Después de una exploración más detallada le anunciaron que tenía un tumor cancerígeno en el hígado y le operaron en diciembre del 2011, seis meses después de haber sufrido el ictus.

Se iba recuperando, pero necesitaba recibir transfusiones de sangre. Luis hizo el testamento vital justo antes de operarse del tumor: quería decidir entonces sobre su vida y también sobre su muerte.

Anita viene a consulta agotada física y emocionalmente como consecuencia de este proceso. Es consciente de la pérdida y busca apoyo psicológico. Luis no puede trasladarse, viven en Colmenar del Arroyo, un pueblo en la sierra de Madrid, por lo que le comento que cuando le den el alta en la clínica y regrese a casa iré a su domicilio a conocerle, detectar necesidades e iniciar un plan de trabajo para afrontar los últimos meses de su vida, prepararle para asumir este final.

Describo el resumen de lo trabajado en cada una de las sesiones:

El 8 de febrero de 2014 conocí a Luis Santos, sentado en un sillón adaptado, sereno, en su bonita casa, acompañado de Anita, profesora de inglés, una irlandesa inteligente, sencilla, cercana, sensible, que me ofreció un té exquisito, como solo saben hacerlo los irlandeses. Luis me fue contando su biografía. Apasionado del arte, su trabajo se desarrolló en el diseño gráfico. Pero si hubo una ocupación altamente gratificante que le acompañó durante la mayor parte de su vida fue leer y escribir poesía. Me enseñó su blog de poesía y del Camino de Santiago, que me explicaba con un ingenioso sentido del humor. Me comentó que tiene dos hijas de cuarenta y uno y cuarenta años de su primer matrimonio. Conoció a Anita y se casaron. Describe la relación con Anita como altamente estimulante. Estaba encantado de todo lo que había vivido con ella, con sus altibajos como en la mayoría de las parejas, pero se sentía muy satisfecho de la convivencia con ella. Tenían una red social amplia, con muchos amigos y se definía como un activista contra las injusticias sociales.

«¿Qué te preocupa en este momento, Luis?», le pregunté y me contestó: «Hay varias cosas que me agobian mucho ahora. El *temor a la muerte*, siento miedo de cómo va a ser y sobre todo no quiero sentir dolor físico. Cuando me dieron el diagnóstico fue muy duro, pero ahora se ha dulcificado un poco ese impacto. Siento mucha pena por Anita, por mis hijas y por mis amigos íntimos, y por no poder seguir disfrutando de ellos. He leído y convivido con personas vinculadas al budismo y la filosofía zen. Sus prácticas y recomendaciones me han ayudado en muchos momentos a sobrellevar esta situación. Me preocupa *la enfermedad* y mi deterioro progresivo, ya apenas puedo caminar por mí mismo y tienen que ayudarme en muchas tareas cotidianas, asearme y vestirme entre otras. Me preocupa el *dolor* intenso, a pesar de tomar Nolotil y Lyrica, no consigo dormir. Me preocupa no tener *paz mental*. Quiero vivir consciente de lo que está pasando, pero no sé si voy a ser capaz de no hundirme emocionalmente, de aceptar esta situación».

Hablamos y consensuamos los objetivos a trabajar:

- Estrategias para adaptarse a lo que vaya llegando. Gestionar el cambio.
- Gestión de pensamientos y emociones. Expresar lo que piensa, siente y quiere hacer.
- Reducción de los síntomas de ansiedad.
- Objetivos en cada área importante de su vida. Ilusionarse.
- Plan de actividades diarias. Lo que pueda hacer tiene que hacerlo. Cazar el instante agradable.
- Cierre de procesos. Facilitar que las cosas importantes ocurran.
- Acompañamiento emocional a Anita.

El 15 de febrero de 2014 iniciamos un entrenamiento en *respiración abdominal y en relajación muscular*, tanto en Luis como en Anita. Es importante para reducir la ansiedad y focalizar su atención en estímulos gratificantes a través de su imaginación. También trabajamos cómo *gestionar las emociones*, tan cambiantes, la labilidad emocional. Luis comentaba que lloraba de vez en cuando y sentía rabia por la frustración al ir comprobando que no avanzas nada en la mejora de la enfermedad, aunque sea parcialmente. Le explico que tiene que aceptar esas emociones, no resistirse, negarlas u ocultarlas, sino entender que es normal que pueda sentirse así y que lo importante es expresarlas con naturalidad, desahogarse y ventilar sus emociones de manera adecuada. La misma estrategia utilizamos cuando sentía la tristeza, «entiendo que pueda estar triste, es normal pero no le voy a dedicar demasiado tiempo y voy a conectar con estímulos externos que me distraigan: leer, conversar o escuchar música puede facilitar que mi tristeza se marche». Utilizando su sentido del humor le decíamos a la tristeza: «Te dedicaré una hora como mucho y después puedes ausentarte». Le planteaba a Luis que puesto que tiene que sentir las distintas emociones y sentimientos, como no puede ser de otra manera, sería interesante priorizar la afectividad, el amor hacia Anita, las hijas y los amigos sobre cualquier otra. A partir de ese momento, cuando se sentía mal emocionalmente se centraba en la relación que mantenía con estas personas, en forma de recuerdos, hablando con ellos, facilitando y disfrutando de su visita.

El día 23 de febrero de 2014 Luis me comenta que en esta semana no ha tenido dolor intenso y está más animado. Repasamos lo trabajado en la sesión anterior y me dice que ha practicado todas las estrategias para la gestión de las emociones. Le planteo trabajar sus *miedos* actuales y me dice que ahora mismo siente miedo a quedarse paralítico en una silla de ruedas, sin poder andar. Le explico que no es correcto anticipar escenarios negativos y que se centre en este momento presente, en el aquí y el ahora.

En ese momento todavía podía caminar, a veces con dificultad, pero podía caminar. Según vayan produciéndose los acontecimientos se irá adaptando a lo que venga, utilizando sus recursos personales y sus apoyos. «El objetivo es que camines, que no tires la toalla, disfruta de lo que puedes hacer ahora». También trabajamos la confrontación de los *pensamientos* que le hacían sentirse mal y utilizamos la estrategia del «diálogo socrático», contestándose a unas preguntas cada vez que tenía pensamientos que valoraba como negativos. Le explicaba que no hay que dedicarle tiempo a este tipo de pensamientos y fortalecer pensamientos alternativos y más realistas. Las preguntas del diálogo socrático son las siguientes: 1. En este momento, ¿qué datos objetivos tienes para pensar de esta manera o sentirte así? 2. ¿Qué ganas dando vueltas al mismo pensamiento? 3. ¿Puedes ver la misma situación de otra manera, puedes pensar de otra forma? 4. ¿Qué ganarías pensando de esta nueva manera? Lo practicamos con algunos de sus pensamientos más repetitivos y reconoció que le ayudaba mucho.

En la sesión del día 2 de marzo de 2014 trabajamos las pautas sencillas para convivir con el dolor. Durante la semana había tenido mucho dolor. Según Luis, un dolor insoportable que le impedía dormir. Estaba muy cansado. Cuando sintiera dolor, además de seguir el tratamiento farmacológico, tenía que expresarlo e intentar focalizar la atención en estímulos distractores, como ver una película, conversar, escuchar música y practicar la respiración y relajación muscular. El dolor es muy difícil de controlar, pero al menos era importante tener la posibilidad de mitigarlo utilizando sus recursos.

El día 8 de marzo de 2014 me encontré a Luis con un estado de ánimo alterado, con ansiedad y muy disgustado. Se había levantado mal, con dolores, no había podido descansar. El disgusto venía de unos días atrás, porque se estropeó el disco duro de su ordenador y no se había recuperado nada de él. Sentía mucha frustración e ira porque en ese disco tenía escritos, poesías, fotos, artículos y música que valoraba mucho. Discutió con el técnico que intentaba resolver el problema; en fin, que pasó una semana complicada entre unas cosas y otras. Analizando con Luis y Anita la situación de *frustración* y la reacción de Luis, que había sido desmedida tanto con Anita como con la persona que intentaba resolver el problema, vimos una oportunidad de mejora en la tolerancia a la frustración y en cómo expresar su malestar. Reconociendo que es una circunstancia que en sí misma puede provocar mucho malestar, para reducir la intensidad de esta afectación es importante que nos centremos fundamentalmente en las cosas que podemos controlar directamente y aceptar la realidad tal y como viene. Es interesante tener un plan B ante la frustración. En este caso, volver a escribir, buscar la música que me gusta, es decir, ponerme en marcha sin mirar hacia atrás. «Recuerda que lo que puedas hacer en cada momento, tienes que hacerlo». Unos días después recuperó la mayor parte de los archivos que había perdido.

Iniciamos un entrenamiento en *asertividad*, para expresar aquello que quiere expresar, pero sin molestar a la persona con la que está interaccionando. Controlando su emoción y eligiendo un momento adecuado para decir lo que siente o piensa, nos acercamos al objetivo de decir bien las cosas que tiene que transmitir. También lo trabajé con Anita.

La sesión del día 15 de marzo de 2014 la dedicamos a *valorar las cosas* interesantes que han ocurrido durante estos días. La visita de un amigo le agradó mucho. Reconoce que respondió más o menos bien al dolor físico y ha dormido un poco mejor. Ha reflexionado sobre la adaptación al cambio y dice que va a intentar no ser resistente, sino asumir y aceptar lo que venga. Es una persona dependiente y su enfermedad es crónica y no tiene cura. Está aplicando estrategias asertivas con Anita y aunque le cuesta, pone empeño. Estas son las valoraciones de esta semana y le insisto en que mire hacia las cosas interesantes y que le aporten vida.

Repasamos las estrategias para gestionar la tristeza y la ansiedad. Luis es mucho más grande que una emoción, que un dolor o que una enfermedad. La tristeza viene y se va si no la alimentamos. Me comenta que está preocupado porque siente que su *memoria* está disminuyendo, se ve afectada, la está perdiendo. Le explico que es posible que esté relacionado con el proceso de ansiedad y con los altibajos emocionales. En este instante no le limita para las cosas que tiene que hacer en el día y además siempre puede apoyarse en Anita. Es normal que pueda olvidarse de algunos nombres, de fechas y más detalles, pero lo mejor es centrarse en este momento.

La sesión del día 23 de marzo fue difícil, hubo varios desencuentros y malentendidos entre Luis y Anita en los últimos días y había un ambiente tenso en su casa. Entre las quejas de Luis y el desgaste emocional de Anita como cuidadora, podemos encontrar el origen de esta *minicrisis* en la relación. Primero hablé con Anita, me dijo que se notaba con mucho cansancio físico y desgaste emocional, como bloqueada y embotada psicológicamente. Llevaba mucho tiempo focalizada exclusivamente en Luis, su vida se había reducido únicamente a cuidarle y había tocado fondo. Las quejas de Luis sobre su situación física, sus dolores, los ingresos frecuentes en la clínica, sus frustraciones, aunque las comprende e intenta animarle, hacen que se sienta impotente en muchas ocasiones, y sobre todo sola y aislada. Nota la necesidad de apartarse un poco para coger fuerzas, pero se siente culpable al mismo tiempo por pensar así. Trabajamos la idea de que Anita tiene que ocuparse también de ella misma, no puede abandonarse; muy al contrario, debe cuidarse para seguir cuidando bien. Para dar ese paso que ella, en este último año de deterioro de la salud de Luis, no se ha permitido, vemos la posibilidad de planificar el día de manera que realice alguna actividad gratificante: caminar, quedar con alguien, hacerse sus chequeos médicos, etc., lo que pueda hacer y que no le lleve mucho tiempo. Una vez que Anita se autorizó a sí misma a hacer cosas distintas, a ocuparse más de ella, a tranquilizarse, a poder desahogarse con otros interlocutores, pensamos en que hiciera un viaje de fin de semana y Anita empezó a mirar la situación de otra manera. Para hacer todo lo que planificó, debería contactar con personas para que se quedaran con Luis durante su ausencia. Pensó en las hijas de Luis y en algún amigo. Quedamos en revisar en la siguiente sesión qué había pensado y cómo organizarlo.

Después de hablar con Anita, hablo con Luis, que me recibe en su habitación porque no quiere levantarse. Me comenta que está disgustado por los últimos desencuentros con Ana. Le explico que tenemos que poner en marcha el motor de la comprensión sobre las cosas que hace, siente o dice Anita, aunque no estemos de acuerdo, pero simplemente se trata de comprender al otro, de entenderle. «Hay que tener en cuenta que los dos llegáis cansados física y emocionalmente a la noche y, por lo tanto, es una situación de riesgo para discutir. Anita está en un proceso de desgaste emocional porque su vida se ha reducido a ser cuidadora y esto le está afectando. No quiere decir que no quiera estar contigo o que no te quiera, simplemente a veces sus contestaciones no las hace de manera adecuada o asertiva como estamos trabajando. Es perfectamente entendible que tengas unas necesidades de cuidado objetivas y ella siempre está ahí para ayudarte, pero le desbordan a veces tus quejas, que ella no puede resolver y la impotencia le genera ansiedad». Le propongo que se levante de la cama y continuamos hablando.

Una vez que Luis se levantó, hablamos y practicamos asertividad y empatía entre los dos y, sobre todo, respondieron a la pregunta más importante: ¿qué puedo hacer yo para que los dos estemos bien? Cada uno se hizo la pregunta y en la contestación hablaban de facilitarse las cosas entre ellos. Era el momento de valorar lo que tenían, amor, afectividad, compañerismo, ilusiones compartidas, recuerdos, pero también el día a día juntos, ¡qué bueno!

La sesión del día 30 de marzo de 2014 encontré a Luis animado y me dijo que estaba trabajando en la adaptación al cambio y la aceptación. Le resultaba muy duro pero el hecho de centrarse fundamentalmente en lo que acontece en el día e intentar abordarlo le generaba menos inquietud. Ha estado ingresado pero su actitud ha sido buena y se ha mostrado asertivo, con menos quejas y facilitando un ambiente de tranquilidad con Anita. Ella se lo refuerza y reconoce su esfuerzo. La relación entre ellos es buena. Trabajamos la respiración abdominal y la relajación para que lo utilice varias veces durante el día. Confrontamos pensamientos que le provocan malestar y que Luis llama «parar al mono». Registra pensamientos negativos y elabora los alternativos. Lo hace bien y la consecuencia es que logra estar más tranquilo. Buen trabajo, Luis.

El 6 de abril de 2014 Luis está en la cama porque se ha tomado un fármaco para el dolor que le provoca mucha somnolencia. Trabajo con Anita el control emocional, respiración y relajación. También le entreno en que se guíe más por *objetivos claros* que por su estado de ánimo para abordar el día a día. Como habíamos comentado en la sesión anterior, me dice que ha pensado en hacer cosas para distraerse, en recibir masajes, hacer alguna salida y caminar. Le indico que está fenomenal lo que ha propuesto y ahora simplemente tiene que hacerlo.

Ante las quejas de dolor de Luis le digo que le coja de la mano y que le diga «estoy contigo», «ya se pasará». Anita me comenta que, durante las crisis fuertes de dolor de Luis, a menudo por las noches, en momentos donde ni la palabra ni la caricia podían aliviar el dolor, ella había recurrido al canto en un intento de calmarlo. Me explicó que le salían desde dentro canciones irlandesas, luego melodías inventadas sin letra, y hasta sonidos inventados. Todo lo que sentía que podría tener un efecto tranquilizante en Luis. Y comprobaba, una y otra vez, que Luis entraba en un estado relajado y lograba dormir. También me contó que le tranquilizaba a ella también el ver y sentir que estaba de verdad contribuyendo a aliviar su dolor. Tanto el efecto de calma interior que producía el cantar con tanto sentimiento de amor, como el ver que consolaba a Luis. Para ella, cantar en los momentos críticos, muchas noches en los ingresos en el hospital, en la ambulancia cuando Luis se encontraba muy enfermo, y en las noches en blanco de dolor en casa, se convirtió en un recurso de ayuda efectivo. Su conclusión sobre esta experiencia es que cuando sentimos que estamos ayudando de verdad a aliviar el sufrimiento de nuestro ser querido, la sensación de impotencia se reemplaza por una satisfacción que produce mucho bienestar y calma interior. Tanto para nuestro ser querido como para nosotros mismos.

Le comenté a Anita que es importante que cuando se note muy tensa desconecte durante unos minutos, salga del lugar donde está, respire y procure centrarse en el objetivo cuando vuelva de nuevo a interaccionar con Luis. Se trata de no entrar al trapo de lo que en un momento de irritabilidad pueda decirle Luis. Solo tiene que centrase en el objetivo concreto y hacerlo, estar cerca, darle el fármaco o lo que necesite en cada momento y sentirse bien por lo que ha hecho por él y por cómo lo ha hecho.

En la sesión del día 12 de abril de 2014 Luis tenía menos dolor con la medicación; había estado hospitalizado, pero mantenía una actitud facilitadora y de adherencia al tratamiento farmacológico y psicológico. La doctora que le atendía en la clínica le sugirió al médico de atención primaria la idea de los cuidados paliativos en casa, ya que Luis no podía ni quería soportar más ingresos hospitalarios. Tanto Anita como él estuvieron de acuerdo. Una vez escrito el informe del médico de familia, empezó a atenderle el equipo de cuidados paliativos.

Trabajamos la proactividad para hacer todo aquello que quería hacer, que tuviera ilusiones, a corto plazo, sí, pero ilusiones a fin de cuentas. Aunque en un primer momento no veía claro que pudiese tener ilusiones, fuimos poniendo encima de la mesa algunas de ellas: salir un fin de semana con Anita a un balneario al que les gustaba ir, un retiro anímico y confortable, que ya habían realizado en otras ocasiones, seguir trabajando en su blog de poesía, seguir siendo activista contra las injusticias sociales a través de la organización Change.org, poder desayunar en el patio de su casa, pasar un fin de semana con sus hijas, entre otras muchas.

Otro aspecto que trabajamos era el de seguir tomando decisiones sobre los asuntos que considerase importantes. De esta manera fortaleceríamos su independencia, ganaríamos autoconfianza y mejoraría su autoestima al usar sus habilidades.

En la sesión del día 19 de abril de 2014, continuamos trabajando en la toma de decisiones. Me dice que quiere tomar decisiones sobre su salud, estar más activo en su enfermedad. Se siente intoxicado con tantos fármacos que toma y le gustaría controlar el dolor sin fármacos, por supuesto, consultándolo con sus médicos. Quiere saber si hay otra manera más natural.

Quería tener mucha «paz mental» hasta el último día y no quería estar intoxicado. Por otra parte, seguía con muy buena comunicación con Anita, menos tensión y más acercamiento afectivo. Me comentaba que tenía una actitud de aceptación de la realidad más serena que hacía unos meses, asumía la enfermedad y quería aprovechar el tiempo que le quedaba.

En la sesión del día 27 de abril de 2014 le encuentro tranquilo, ha tenido menos dolor. El equipo de *cuidados paliativos* ya ha empezado a trabajar con él y han establecido un calendario de visitas. No ha tenido ansiedad en estos días. Me dice que necesita un tiempo para estar solo, un tiempo para dedicárselo a él, necesita silencio para reconciliarse con él mismo. Le refuerzo esta decisión y planificamos en el día un tiempo blindado para él, sin visitas, sin profesionales sanitarios, sin persona de apoyo y cuidadora, sin Anita, para estar en sus cosas, para leer, escribir y pensar en su historia personal. Se lo facilitamos e iremos viendo cómo se siente. Tiene que aprender a estar solo, ganar autonomía.

El 3 de mayo de 2014 tuvimos la sesión para comprobar cómo se estaba sintiendo con más intimidad durante el día. El tiempo que ha decidido estar solo lo utiliza para la lectura, escuchar música, distraerse. Dice que le vienen bien estos paréntesis de soledad. Sigue con sintomatología molesta, pero a veces, ha conseguido estar estable emocionalmente a pesar de esto. Ha empezado a tomar diez gotas de Haloperidol para estar más tranquilo y dormir mejor.

Dice que Anita lleva unos días que habla menos con él y necesita escuchar qué siente, ¿estará cansada de todo esto? Le comento que en lugar de interpretar, se lo pregunte directamente. Y así lo hizo. Anita le contestó que estaba muy cansada físicamente pero que sigue ahí con muy buena actitud. Les insisto en que sean transparentes en la comunicación para evitar la desconfianza entre ellos y las interpretaciones erróneas que generan mucho malestar.

Anita me dice que las subidas de tensión que sufre de vez en cuando ella las tiene más controladas. Tiene necesidad de descansar físicamente y le recuerdo que debe encontrar a alguien para que la sustituya durante unas horas para que pueda descansar.

En la sesión del 10 de mayo de 2014 Luis está mal, se ha tomado un fármaco que se llama Sinogan, un antipsicótico y le ha trastocado mucho; se ve peor, está apagado. Trabajamos solamente estrategias distractoras. Cuando se encuentre en esta situación tiene que escuchar música que le guste y estar lo más relajado posible. Recordamos la respiración abdominal y la relajación muscular. Le indico que cuando esté mejor es bueno que se active caminando un poco, conversando, leyendo un rato.

El día 17 de mayo de 2014 le encontré escuchando a Mozart, le gustaba mucho. Estaba más estable que la semana anterior y me pidió hablar sobre la aceptación de su situación vital. Le facilité el desahogo emocional, le escuchaba y le decía que le comprendía. Me comentaba que era «una putada sufrir esta enfermedad inoportuna y maldita que acabará con mi vida». Le pregunté si podría darle mi opinión y me dijo que sí. Le hablé por primera vez de su muerte y le comenté que «para la mayor parte de las personas la muerte llega en mal momento porque no queremos morirnos. Aunque te parezca chocante, la muerte no es lo importante, sino lo que has vivido y has podido aportar a otras personas y a ti mismo. Te has sentido querido y has querido, esto es lo bueno, que te quiten lo *bailao*. Pero en este momento no estás muerto, no conozco a ningún muerto con tu aspecto y tienes que darte la oportunidad de pasar el día de la mejor manera posible. Aunque a veces tengas mucho dolor o desesperanza, sigues estando ahí con lo que vaya quedando de tus habilidades y tu forma de ser. Sigue aportando cosas útiles a las personas que te quieren hasta el final». Luis me cogió de la mano y sonriendo me dio las gracias.

El 25 de mayo de 2014 le visité en el hospital. Este nuevo ingreso se lo tomó más o menos bien, con entereza e intentando adaptarse a lo que tocaba en cada momento. Hablamos de estrategias distractoras durante la estancia en el hospital y conversamos tranquilamente sobre noticias en general, de conversaciones intrascendentes y con sentido del humor de lo divino y de lo humano.

En la sesión del día 1 de junio de 2014 Luis está animado. Como todas las semanas ha estado con el equipo de cuidados paliativos, que intentan que Luis mantenga la mejor calidad de vida posible. Seguimos trabajando que Luis valore lo que tiene en cada momento y que intente disfrutarlo a su manera y como pueda. Disfrutar de la compañía de Anita, de la visita de sus hijas, de sus amistades, de la poesía, de saborear un buen té, de escuchar música, de conversar, entre otras muchas cosas que están a su alcance. Solamente tiene que cogerlas.

El 7 de junio de 2014 le encuentro bien, animado y muy comunicativo. Ha vuelto al tratamiento de fisioterapia, aunque le duele, nota mejoría en sus piernas. El dolor lo está trabajando con paliativos y más o menos bien. Trabajamos la ilusión, le digo que la ilusión no existe en ninguna parte, uno mismo se la inventa cada día. Puede tener ilusión por levantarse, por estar con su mujer, porque viene alguien a visitarle, por lo que sea, pero se la tiene que crear él mismo. Tiene que anotar las cosas que le pueden ilusionar para intentar cumplirlas. Es una manera de aceptar la situación, pero de forma activa. ¡Qué bueno, Luis, ese es tu camino!

Con Anita seguimos trabajando el autocontrol emocional, que realice actividades gratificantes y sobre todo que desconecte un poco de la actividad de cuidar para descansar, que no espere más tiempo, que no lo demore más.

En la sesión del 14 de junio de 2014 veo que Anita por fin se marchó la semana anterior a descansar unos días a un balneario. Le ha venido muy bien para recuperar fuerzas y motivación. Con Luis continuamos con la aceptación activa de su proceso vital. Se planifica el día y se contesta a la pregunta: «¿Qué puedo hacer en este momento?», y hacerlo. Ha tenido momentos de bajón emocional, pero lo ha manejado mejor.

Me comenta que la cabeza no le está funcionando bien. A veces no se acuerda de lo que ha dicho o lo que ha hecho, no sabe si fue hace un rato o ayer. Tiene problemas con los números, confunde fechas y datos numéricos. Le digo que en principio tiene que comentárselo al médico del equipo de cuidados paliativos, por si es el efecto secundario de alguno de los fármacos que está tomando. Las cosas que considere importantes tiene que anotarlas o que le ayude Anita a recordárselas, de las que no sean importantes no tiene que preocuparse.

La sesión del día 21 de junio de 2014 marcó un antes y un después en la vida de Luis y Anita. Me encuentro a Luis más activo, me dice que ha estado haciendo las cosas que puede como habíamos quedado y se ha sentido bien por hacerlas. Ha retomado el contacto de un amigo de hace cuarenta años y está muy contento. Pidió a Anita que le ayudara a formar un grupo, «Acción Poética Colmenar del Arroyo», y así ser parte del movimiento mundial de Acción Poética que él había seguido y admirado durante los tres años de su enfermedad. Llevaba semanas en el hospital soñando, diseñando frases para los muros, escogiendo una tipografía especial, etc. También ha hablado con otro amigo, vecino del pueblo, de esa idea que él llevaba desarrollando y diseñando durante bastante tiempo, sobre todo en las estancias hospitalarias, la de impulsar el proyecto de Acción Poética en el pueblo donde vivían, Colmenar del Arroyo.

Le refuerzo la idea de que esté activo en asuntos que le ilusionan y que se centre menos en su dependencia física. En un momento de la conversación sobre el proyecto de Acción Poética en el pueblo, verbaliza que siente que todo está parado en cuanto a una de las ideas en concreto que había sugerido a su amigo. Le hice esta pregunta: «¿Por qué no lo lideras tú, Luis, por qué tienes que esperar a que los demás respondan?». Me contesta que no se ve en condiciones físicas ni mentales para hacerlo. Le insisto, ayudado por Anita. ¿Es que no te ilusiona el proyecto?, y me dice que mucho. En este instante puedes utilizar el teléfono y puedes hablar, ¿qué más cosas necesitas para convocar a la gente para formar tu grupo de Acción Poética? ¡Ponte en marcha ya! ¡Ahora! Y lo hizo. Luis quería llevar la poesía a las calles del pueblo y convertirlo en un «pueblo poético», y gracias a su familia, especialmente a Anita, a amigos, a vecinos, a dueños de los muros, y al ayuntamiento de Colmenar del Arroyo consiguió cumplir con una de sus grandes ilusiones; pintar los muros del pueblo con frases poéticas. Si en algún momento el lector tiene la posibilidad de visitar esta localidad de la sierra oeste madrileña, podrá pasear serenamente entre poesía, el gran objetivo de Luis. ¡Qué grande, Luis, poeta!

Volví a ver a Luis el día 12 de julio de 2014 en plena crisis de dolor y con alto nivel de irritabilidad. Trabajamos estrategias distractoras, especialmente las tareas y planes sobre el proyecto de Acción Poética. Le animaba mucho hacer cosas para sacar la poesía a la calle. Fueron momentos difíciles porque durante la semana le confirmaron la existencia de más tumores en el hígado y eso le provocó tristeza, pero poco a poco logró estabilizar su estado de ánimo con la ayuda de Anita. Tenía que tomar una decisión sobre qué tratamiento seguir. Pero antes tenían que hacerle pruebas para tener todos los datos.

Luis quería enseñarme la primera poesía que se pintó en un muro, probando la técnica de proyección nocturna. Fue la primera de muchas que pintó el grupo de Acción Poética con él, junto a los vecinos del pueblo. Me hice una foto con Luis junto a su poesía, la que está escrita al inicio de la descripción de este caso. Pasamos un buen rato paseando por estas calles. A pesar del dolor físico y de su estado de ánimo, Luis hizo lo que decidió hacer, del dolor surgió un instante de poesía, un instante de ilusión y sobre todo un instante de afecto entre los dos.

El 19 de julio de 2014 Luis estaba en cama cuando le visité y me comentó que le habían hecho mucho daño para hacerle las pruebas, no descansaba por las noches, estaba muy inquieto. Reconocía que su muerte estaba cerca y quería estar sereno y tener paz mental, como lo denominaba él. Seguía tomando decisiones sobre su vida y también sobre su muerte.

Le digo que lo está haciendo bien, que sigue estando ahí, utilizando sus habilidades para continuar en el día a día.

Con Anita seguimos trabajando la aceptación de la situación y el duelo anticipado. Facilito que se desahogue emocionalmente, validando y normalizando todo tipo de emociones. Debía contar con el apoyo de las hijas de Luis y de los amigos para estar acompañada cuando lo vaya necesitando y, por supuesto, podía llamarme cuando quisiera. Hay que apoyarse en los profesionales de paliativos porque son expertos en abordar estas situaciones y pueden prestar ayuda.

El día 27 de julio de 2014 sigo trabajando con Anita el *duelo anticipado*, se siente tranquila, intenta comprender y atender a Luis en las cosas que necesita y le digo que lo está haciendo bien, que se dé la palmadita en la espalda. Si Luis quiere hablar sobre su muerte, que le escuche, que tenga contacto físico y que le diga que ella está ahí, que esté tranquilo.

Luis quería recordar los buenos momentos de su vida y me habló de ello. Le apetecía conversar conmigo sobre el proyecto de poesía. Me dijo que estaba tranquilo, había luchado contra la enfermedad y ya no se podía hacer nada. Me pidió que siguiera ayudando a Anita en los días más difíciles.

El 2 de agosto de 2014 Luis está estable, le veo animado. Está conversando y riendo con sus dos hijas, desayunando en el patio de su casa. Hablamos de la importancia de *seguir estando activo* en el proyecto de poesía en la calle, pues seguro que tiene muchas cosas que aportar. Me dice que de vez en cuando, aunque esté entretenido con alguna cosa, le vienen «flases» sobre su salud y su muerte. Le digo que es normal que le ocurra esto, pero lo importante es continuar con lo que está haciendo para intentar vivir ese instante de manera plena y única. Quiere que trabajemos en su «paz mental» y lo que hacemos es concretarlo en los siguientes indicadores: 1. Calma interna. Reconciliarse con él mismo, estar satisfecho con la mayor parte de las cosas que ha hecho, ser consciente que ha aportado cosas positivas a muchas personas con las que se ha relacionado, a nivel profesional y a nivel personal, no tener cosas pendientes. 2. Menor tensión. Utilizar la respiración profunda y la relajación, hacer cosas que le gustan, expresar sus emociones. 3. Más para hoy y menos para mañana. No demorar las cosas que quiere hacer, centrarse en el aquí y el ahora, vivir el instante. 4. Alcanzar serenidad. No anticipar escenarios que no existen, controlar los pensamientos negativos, conversar sobre cosas que le ilusionan. Lo trabajamos y se sintió muy bien, Anita estaba presente en este proceso.

Quería reflexionar en voz alta sobre cómo afrontar su muerte. Tenía curiosidad: ¿qué va a pasar después? Comentaba que no merece la pena estar crispado y quería afrontar lo que le quedaba de vida de una manera serena. «La vida hay que aceptarla como viene, yo mismo he tenido la experiencia de luchar y he terminado aceptando la situación, ahora me siento mejor que cuando me resistía a asumir la enfermedad». Lo único que sentía que le quedaba por hacer era hablar con sus hijas, pedirles perdón por si en algún momento de su vida les había hecho daño sin querer. Le digo que es bueno que hable con ellas y se lo diga. Así lo hizo y se quedó más tranquilo. Por otra parte, está interesado en elaborar un documento de todo lo acontecido en Colmenar del Arroyo, a raíz del proyecto de la poesía en la calle. Le digo que si quiere, que lo haga.

El 23 y el 28 de agosto de 2014 le visito en el hospital. Está muy adormilado, por lo que le dejo descansar. Anita me dice que Luis está asumiendo bien su situación vital. Ella sigue las directrices de los cuidados paliativos y se siente apoyada por muchas personas. El duelo ya lo ha iniciado, a Luis le quedan pocos meses de vida y con mucho dolor y tristeza, está preparándose para el final.

El 13 de septiembre de 2014 Luis tiene varios síntomas molestos, está con altibajos emocionales. Quiere que hablemos sobre su muerte. Me dice que está sereno y que ha decidido morir en su casa, sedado si fuera necesario. Que no quiere más ingresos en el hospital, ni tratamientos allí, y que sabe que no le queda mucho tiempo. El equipo de cuidados paliativos está de acuerdo. Hablamos de la gratitud que siente hacia todas las personas que le han acompañado y que le han facilitado estar mejor en estos meses; de que ha merecido la pena vivir las cosas que ha vivido, y nos centramos en las más importantes. Me dio un fuerte abrazo y las gracias por lo que había trabajado con él y con Anita. Le dije que el que le tenía que dar las gracias era yo a él por ser como es y por el legado que nos ha dejado. En ese instante supe que era la última vez que le vería despierto.

El día 11 de octubre de 2014 cuando llegue a su casa ya estaba dormido en su cama, sedado y sereno. Anita me dijo que ella estaba muy triste pero tranquila, había hecho todo lo que podía para que a Luis no le faltara nada y estuviera reconfortado en estos meses de lucha y que la conciencia la tenía muy tranquila. También sentía mucha gratitud por toda la bondad y cuidados que habían recibido. Era muy consciente y estaba agradecida por la ayuda de tantas personas que facilitaron el privilegio de que Luis pudiera morir en casa, rodeado de paz y amor.

Me despedí de sus hijas y le di un abrazo a Anita, dejando la puerta abierta por si me necesitaba. El 15 de octubre de 2014 Luis falleció. Adiós, Luis, poeta, amigo.

*Caminante, no hay camino, se hace camino al amar*
ANTONIO MACHADO + LUIS SANTOS, perdóneme, don Antonio
Acción poética Colmenar del Arroyo, Sierra Oeste de Madrid

Según datos de UNESPA, la asociación empresarial del sector, en torno al 60 por ciento de los sepelios en España los realizan los seguros de decesos. También se pueden contratar los servicios funerarios sin póliza de seguro a una empresa funeraria, y si la familia no tiene recursos económicos pueden optar por el entierro de su familiar por la vía de la beneficencia municipal. En todo caso, la familia está pasando momentos muy difíciles tras el fallecimiento de su ser querido y es aconsejable que todos los trámites se realicen desde los servicios funerarios, o se elijan una o dos personas de la familia o los amigos, que estén más estables emocionalmente, para que hagan las gestiones. Es necesario que estas personas allegadas tengan una atención y concentración adecuadas, así como un buen seguimiento de las instrucciones que les vayan dando para hacer cada uno de los trámites y tomando decisiones de manera eficaz. Es una labor silenciosa que facilita tranquilidad a la familia, que, en algunos casos, puede estar en un proceso de bloqueo, sin saber qué hacer.

El médico expide el certificado de defunción y a partir de ese momento se inicia el proceso del sepelio. Hay que tomar decisiones sobre el servicio a realizar, velar el cuerpo en el tanatorio o en el domicilio, hacer los traslados, escoger el tipo de ataúd, las flores, las esquelas, el nicho o la sepultura, el funeral, decidir entre entierro o incineración, entre ritual religioso o laico u otras costumbres familiares o culturales, como el homenaje a la vida, la despedida con música y fotos… Además de tener el certificado de defunción, hay que realizar varios trámites de los que puede encargarse un familiar o la propia empresa funeraria, con o sin seguro de decesos, que se lo facilita a la familia a través de su servicio de gestoría y tramitación de documentos. Los trámites más importantes son: inscripción en el Registro Civil; certificado de defunción; licencia para poder realizar el entierro o la incineración; baja en la Seguridad Social, para tramitar lo relacionado con las pensiones; certificado de actos de última voluntad, asuntos de testamentos y herencias; seguros de vida; pensión de viudedad o de orfandad, impuesto de sucesiones… Hay que ponerse a ello e ir cerrando procesos.

## VELAR Y ATENDER A LA FAMILIA Y AMIGOS

Cada vez es más infrecuente que al fallecido se le vele en el domicilio familiar, sobre todo en las grandes capitales. Por higiene y por comodidad, la tendencia es a velar al difunto en unas instalaciones preparadas para este fin. Los familiares directos y los amigos están cansados, tanto si ha sido una muerte esperada como si ha sido repentina, su estado físico y psicológico no les permite ser buenos anfitriones y estar pendientes de las personas que vienen a acompañarles en estos momentos tan especialmente difíciles. En el entorno del tanatorio la familia se desentiende de todo protocolo domiciliario y se centra en estar en una sala acondicionada para depositar al féretro, y para que las personas estén lo suficientemente cómodas para pasar unas horas difíciles con los más allegados y con los que no lo son tanto. El servicio que te dan los profesionales del tanatorio suele ser bueno, comprenden la situación por la que está pasando la familia y el trato es cercano, empático y atento a lo que se puede necesitar en cada momento. Además, te ofrecen un servicio de catering sencillo para no estar muchas horas con el estómago vacío, y en la mayoría de estos establecimientos especializados cuentan con una cafetería. Es una oportunidad para intercambiar impresiones sobre lo que ha ocurrido, facilitar la expresión de las emociones y el acompañamiento emocional de los asistentes, sobre todo aquellos con los que hay más afecto y confianza. Hablar de la persona fallecida y de las cosas que hemos podido hacer juntos es una forma de homenaje y recuerdo espontáneo entre los que le conocíamos más. Si eres uno de los dolientes directos, simplemente tienes que agradecer la presencia a las personas que se acercan al tanatorio para estar un rato con la familia. Al fin y al cabo es un gesto de lealtad hacia el fallecido, si es que realmente le apreciaban. No hay que hacer nada más, solo agradecer. Si perteneces al grupo de personas que llegan para acompañar y mostrar las sinceras condolencias a los familiares y amigos, solo tienes que acompañar, conversar lo justo y sobre todo escuchar y facilitar que el familiar hable y se exprese a su manera. Recuerda que fundamentalmente tienes que escuchar.

Es decisión de la familia estar durante toda la noche velando a su ser querido, o cerrar la sala donde está expuesto e irse a descansar lo que puedan para regresar a la mañana siguiente y hacer frente a la despedida, a los funerales y al entierro o cremación, momentos duros que tienen que pasar.

Lo importante es estar unidos, acompañados, comprendidos y reconfortados.

## LA ÚLTIMA DESPEDIDA

Si la familia lo solicita, unos minutos antes de cerrar definitivamente el féretro, puede darle el adiós final a su ser querido, verlo, tocarlo o besarlo por última vez. Cada miembro de la familia o amigos muy cercanos son libres de tomar la decisión sobre estar o no presente en este acto íntimo. Lo importante es no sentirse obligado a hacerlo. Desde el punto de vista psicológico, participar o no en este acto no va a tener una incidencia significativa en el posterior desarrollo del duelo de cada uno. No encuentro ninguna razón objetiva o basada en la evidencia científica que nos diga que es positivo o negativo presenciar ese momento. Por lo tanto, insisto en que participar en este instante tiene que ser la consecuencia de una decisión estrictamente personal y no de una obligación.

También suele organizarse un acto religioso o laico, siempre a elección de los allegados y respetando la voluntad de la persona fallecida, si lo ha establecido así con anterioridad, para dedicar unas palabras al difunto y a la familia o, en su caso, lo que proceda en el ritual religioso. En la mayor parte de los tanatorios hay una sala neutra que puede ser utilizada para que las familias tengan la posibilidad de celebrar un acto religioso dependiendo de sus creencias: católicos, protestantes, judíos, musulmanes, lo que sean. Esta sala puede utilizarse también para organizar, durante la permanencia del cadáver en el tanatorio, actos de recuerdo y despedida en un formato laico en el que familiares y amigos hablan desde un atril, sobre anécdotas, vivencias conjuntas, experiencias y todo lo que quieran expresar en esos momentos. Si la familia lo decide y aporta el material necesario, pueden preparar un montaje con la música preferida por su familiar o amigo fallecido mientras se visualizan en una pantalla fotos sobre su vida. Cuando se traslada el cadáver a otra localidad porque quería ser enterrado allí, también se tiene la costumbre de celebrar un acto religioso antes de la inhumación.

## ENTIERRO O INCINERACIÓN

Está aumentando la tendencia a elegir la cremación frente a la inhumación. Aunque en España todavía el número de entierros tradicionales supera a las cremaciones, se estima que en un futuro cercano serán más las personas que elijan la incineración. Esta decisión va a depender de muchos factores: tener una sepultura familiar o no; el deseo del difunto de que sus cenizas sean esparcidas en un lugar concreto, o que se deposite en un columbario en el cementerio o en su casa; la creencia religiosa, que contribuye a la elección de una modalidad u otra, por ejemplo, los judíos y los musulmanes tienen prohibida la incineración; el presupuesto con el que cuente la familia; la sensibilidad a la ecología, que puede influir en la decisión de algunas familias de optar por la alternativa que más materiales biodegradables utilice. Por todas estas razones creo que es importante que todos nosotros tengamos la buena costumbre de hablar abiertamente de estos temas en vida para que el proceso sea más fácil, y no dejar a la familia la responsabilidad de decidir, y si lo dejamos por escrito todavía mejor. Si nunca se ha planteado este tema, si no se ha hablado, en los momentos difíciles es la familia la que tiene que decidir y por lo tanto decidan lo que decidan, será lo mejor. No es infrecuente que en algún miembro de la familia se generen ciertos remordimientos sobre si realmente es lo que hubiese querido el fallecido. En estos casos hay que centrarse en la idea de que cuando tomamos decisiones, aunque hay alternativas que también son válidas y que dejamos atrás, tenemos que decidir y no disponemos de mucho tiempo. Lo que decidamos estará bien y no hay que darle más vueltas, son circunstancias difíciles y seguro que hemos intentado hacerlo de la mejor manera posible.

## RITUAL DEL PÉSAME

La mayor parte de las familias decide «ponerse a recibir el pésame». Es la última expresión de dolor en público. El ritual del pésame después del sepelio es un tiempo de encuentro entre los asistentes y los familiares más cercanos a la persona fallecida. Es un momento muy duro porque acaban de despedirse definitivamente del cuerpo del familiar, e intentan mantener la entereza para recibir una a una las condolencias de las personas que les han acompañado durante el entierro. Muchos ya lo hicieron en el tanatorio y lo escribieron en el libro de condolencias, pero otros deciden hacerlo ahora.

Si formas parte de los que están acompañando a la familia tienes que tener en cuenta lo siguiente: están cansados, han pasado varias noches sin dormir y están rotos emocionalmente por todo lo que ha sucedido. Acaban de enterrar a su familiar. Lo que les digas, que sea breve, que lo sientas. A veces es mejor no decir nada, simplemente un abrazo o cogerles la mano durante un instante. Ya saben que estás ahí y seguro que lo agradecen. No es correcta la respuesta desmedida ni la teatralidad, ellos necesitan comprensión y cercanía, nada más.

Si eres una de las personas que va a recibir el pésame, no te obsesiones con mantener el tipo delante de todos, manifiesta lo que sientes, verbaliza tu agradecimiento por su presencia. Si no puedes decir nada, no digas nada, está todo dicho, acabas de despedirte para siempre de tu ser querido y sobran las palabras. No prolongues más de lo estrictamente necesario este ritual e intenta irte a tu casa o a un lugar tranquilo, en compañía de las personas con las que decidas estar, procura facilitarte tu comodidad y descansar física y mentalmente. Puedes tomarte algo para reponer fuerzas y quitarte la destemplanza, es posible que no te apetezca, pero un caldo o un café caliente te vendrán bien. Después hay que descansar un rato; si no te duermes no pasa nada, simplemente tienes que apoyar la cabeza en el respaldo del sillón y estar tranquilo, sin imponerte nada. Puedes hablar, escuchar y hacer lo que te apetezca. Déjate llevar por la tranquilidad y la serenidad, solo tienes que intentarlo.

## AL DÍA SIGUIENTE, VACÍO Y DUELO

He comentado en páginas anteriores que el dolor durante el proceso del duelo es estrictamente personal e intransferible. Cada persona va a pensar, sentir y actuar a su manera ante la pérdida de su ser querido. En este apartado voy a describir el estado en el que se puede encontrar una persona al día siguiente de enterrar a su familiar o amigo y, aunque más adelante hablaré del acompañamiento emocional en el proceso de duelo, ahora daré unas pinceladas sobre qué tienen que hacer el doliente y la persona que le acompaña en esos momentos.

Si eres la persona doliente quizás notes cierto aturdimiento emocional, que puede durar todavía un tiempo, acompañado de ensoñación e incluso sensaciones de la presencia de tu familiar fallecido. «Parece que le oigo toser en la habitación», «siento que en cualquier momento abrirá la puerta y esto es un mal sueño». Has sufrido una pérdida afectiva, emocional, y tienes que dejarte sentir tu dolor y el vacío que deja su pérdida. Cuando mires su sillón preferido, sus cosas y pienses en él o ella permanentemente, sentirás que no te lo puedes quitar de la cabeza y eso te provocará mucha tristeza, lloros, dolor y otras emociones. Todo lo que experimentas es normal, no luches contra ello: muy al contrario, acepta sin juzgar lo que sientes. En estos primeros días déjate acompañar, comparte lo que piensas y tus emociones con sinceridad en cada momento, incluso es bueno hablar sobre la muerte de tu familiar con la persona que te acompaña. Intenta cuidarte en lo esencial, no te saltes las comidas, aunque no tengas apetito, descansa teniendo paciencia si no duermes como antes, y no descuides la higiene. Aunque es posible que no te apetezca, intenta hacer alguna tarea e inicia una pequeña rutina que poco a poco irás ampliando. Deja que transcurran así los primeros días y más tarde recupera progresivamente tu actividad normal conviviendo con la tristeza por echar de menos a tu ser querido. Retoma el trabajo, pasa tiempo con la familia y amigos para sentirte acompañado.

Irán transcurriendo los días y tenemos que enfrentarnos a nuestra soledad emocional y a veces física. Aunque dolorosa, es una etapa necesaria para asumir la pérdida y aceptar la nueva situación vital, es cuestión de poner en marcha nuestros recursos para engancharnos al ritmo de la vida y dejar atrás la muerte. El paso del tiempo por sí solo no facilita, lo que facilita es lo que hagamos durante ese tiempo, las decisiones que vayamos tomando y, sobre todo, que volvamos a conectar con los estímulos externos, que son: centrarnos en el trabajo, seguir una rutina diaria, atender y estar con la familia, retomar la actividad con las amistades, desarrollar nuestro ocio compartido y en soledad, cuidar de nuestra salud y demás cosas que decidamos realizar.

El recuerdo de la persona fallecida nos va a acompañar toda la vida, pero notaremos que irá sufriendo modificaciones de frecuencia (a veces nos acordaremos más y otras menos) e intensidad (nos emocionaremos mucho en algún momento y en otros no tanto), según vayamos haciendo una vida normalizada y estimulante. Muchas cosas van a provocarnos esa vivencia del recuerdo: fechas importantes, lugares en los que hemos estado, los objetos personales. El recuerdo también puede ser espontáneo y aunque haya pasado «mucho tiempo», de repente lo sentimos. Es normal, ha sido una persona muy significativa en nuestra vida. Lo importante es asumir la pérdida y convivir con el recuerdo de manera serena, centrándonos en aquellas cosas que han merecido la pena vivir junto a ella.

A veces me preguntan qué se debe hacer con los objetos personales del fallecido. Les explico que se tomen un tiempo antes de tomar decisiones. Para la persona doliente cada objeto tiene asociados distintos recuerdos y emociones de variada intensidad. Lógicamente algunos de ellos provocarán mucho dolor y otros, en cambio, sensaciones agradables. No hay una fecha concreta para deshacerse de algunos de estos objetos, ni hay que sentirse en ningún caso presionado para hacerlo. El proceso de abordar el destino de los objetos se iniciará cuando la persona se sienta preparada, ese es el único indicador, hay que tener paciencia y no tomar decisiones llevadas por la impulsividad emocional del momento, porque después podemos arrepentirnos. Cuando uno se vea con fuerza y con cierta estabilidad emocional, es el momento para acometer este objetivo, que no es nada fácil. El doliente puede hacerse acompañar por una persona de su confianza e ir seleccionando aquellos objetos que va a desechar, regalar o donar, y los que en principio quiere conservar. Este proceso facilita la consciencia de la pérdida y de esta manera puede continuar el duelo. Las emociones van a estar a flor de piel, pero hay que sentir, desahogarse y compartir lo que esconde cada objeto, para que la situación sea más sencilla y reconfortante. Llorar, sonreír y quedarse pensativo es muy característico de estos momentos. No hay que tener prisa y se puede hacer en distintos días, pero lo fundamental es ir cerrando procesos. No podemos olvidar que la vivencia con el fallecido es mucho más grande e importante que un objeto. Por otra parte, hay dolientes que conservan todos los objetos tal cual estaban antes del fallecimiento de su familiar, como si albergaran la esperanza de un posible regreso. Respetando su decisión, insisto en que hay que cerrar procesos para facilitar un duelo normalizado y evitar un duelo complicado que necesitaría la ayuda de un profesional de la psicología.

La persona que acompaña tiene que saber que está haciendo una labor muy importante para que el doliente se sienta reconfortado y apoyado. Una vez finalizado el sepelio, la mayor parte de los asistentes se marchan y siguen con su vida cotidiana, pero el doliente regresa a casa, se siente solo ante sus emociones y su futuro inmediato, ante su dolor, ante el vacío del fallecido. El comportamiento del acompañante es muy sencillo pero imprescindible en estos primeros momentos difíciles del duelo. Acompañar significa estar o ir en compañía de otro, pues eso es lo que tienen que hacer las personas que quieren estar cerca del que sufre. La presencia física, permanente o en formato de visitas frecuentes, facilita la comunicación y el contacto físico. Lo mejor es estar con el doliente. Hay que escucharle de manera activa para que el interlocutor se sienta comprendido y atendido, facilitar que se desahogue, pero respetar los silencios. No es correcto obligarle a nada, «tienes que comerte lo que te he cocinado», «vete a la cama y descansa». En todo caso, se puede sugerir y ofrecer apoyo para lo que se necesite puntualmente. Compartir la realización de tareas cotidianas es una muestra clara de ayuda, pero siempre que la persona doliente lo pida o lo considere necesario: hay que contar con la persona y no anteponerse a sus necesidades. En algún momento y debido a su inestabilidad emocional, el doliente puede rechazar la ayuda ofrecida y ante esta situación hay que mostrar paciencia y no tomárselo como un rechazo personal. El objetivo más importante es que vaya aceptando la situación y que reorganice su vida cotidiana. No hay que olvidar que el duelo es de largo recorrido, y más allá de los primeros momentos como los que estoy describiendo, es muy importante no dejar de visitar, sobre todo en los aniversarios, cumpleaños, Navidades y fechas señaladas, para honrar y recordar al fallecido.

## LA PRIMERA VEZ DESPUÉS DEL FALLECIMIENTO: ANIVERSARIO, NAVIDADES, CUMPLEAÑOS, VACACIONES

A lo largo del año vamos llegando a distintas fechas, que marcamos en el calendario como más importantes, y aunque cada persona lo vive a su manera, por lo general son días distintos, difíciles, no son como el resto, ya de por sí dolorosos, porque se añade un recuerdo más intenso, de mayor calado, se echa más de menos al ausente. Me refiero a la primera vez que, sin la persona querida, abordamos su cumpleaños, el nuestro o el de otro miembro de la familia, nuestro aniversario, la Nochebuena, el fin de año, las vacaciones y el día de su fallecimiento. Una amiga me dijo en cierta ocasión: «No sé qué voy a hacer el 31 de diciembre, hace cuatro meses que murió mi marido y era una noche muy especial para nosotros, tengo dos hijos menores y al resto de la familia y no les quiero estropear esa noche». Le dije que no iba a estropear la noche a nadie. «No hay estrategias que solucionen o minimicen lo que tú vas a sentir esos días de Navidad y, especialmente, esa noche. Lo que tú decidas estará bien. Puedes cenar con tu familia y recordarle con unas palabras, no pasa nada porque te emociones y en el momento de tomar las uvas te ausentes durante unos minutos y luego regreses para estar con tu familia. Pero es una sugerencia y tienes que entender que hagas lo que hagas será lo correcto».

Cuando se recuerda a los seres queridos en cualquier fecha y, sobre todo, en los acontecimientos descritos, es una oportunidad para el desahogo emocional, para honrar su memoria y una oportunidad de unir más a la familia y amigos. En caso de que decidas pasar estas fechas en soledad, que también es otra opción, recuerda que es muy normal que sientas mucho dolor, pero no tienes que añadir sufrimiento. Ya no es el momento de darle vueltas o sentirte desgraciado, sino de asumir que ya no está y una vez que hayas dedicado un tiempo a sentir y a reflexionar, intenta hacerte acompañar por la familia o los amigos para sentirte más tranquilo y reconfortado. Piensa que sonreír y disfrutar en algunos momentos no es olvidar ni traicionar, simplemente es vivir.

Hablar de la persona querida en familia y con los amigos, coincidiendo con las fechas que consideramos importantes, libera emociones y hace que nos sintamos comprendidos, apoyados y bien acompañados. Cuando me preguntan qué pueden hacer en estas fechas señaladas, por lo general les explico que organicen un acto de recuerdo con las personas más allegadas. Este acto se puede hacer de muchas maneras: una simple reunión para hablar de la vida con la persona que ya no está, y por qué mereció la pena estar con ella. Quedar para tomar algo y homenajear al difunto también es un acto muy sencillo pero muy reparador a nivel emocional. Hay quienes asisten al cementerio y les dedican unas palabras o depositan flores. Los que tienen creencias religiosas rezan y realizan ritos dependiendo de su confesión. Todas estas opciones, entre otras muchas, suelen resultar muy satisfactorias para los dolientes y allegados. Anímate a organizar la tuya para recordar a tu familiar.

# 4

# FALLECIMIENTO INESPERADO

*La muerte es dulce; pero su antesala, cruel.*

CAMILO JOSÉ CELA

## EN UN INSTANTE TE CAMBIA LA VIDA

No está de más recordar, aunque parezca una frase hecha, que debemos valorar lo que tenemos en cada momento y degustarlo. Que no haga falta perderlo para ser conscientes de lo que teníamos, y que ahora echaremos de menos. Vivimos muy focalizados en las preocupaciones futuribles, que por otra parte no se cumplen en su mayoría, o por la nostalgia del pasado o recuerdos que nos hacen sufrir. No priorizamos sobre las otras cosas lo que consideramos muy importante, posiblemente la salud de nuestra gente y que sigamos estando bien juntos. El resto puede ser importante, pero menos. Disfrutemos entonces de esos instantes, no los dejemos pasar, no los convirtamos en rutina, son nuestros instantes tranquilos, agradables, felices. Y bien digo, instantes que son fugaces e irreversibles una vez pasados, porque ese fotograma de nuestra gran película ya ha pasado y viene el siguiente y el siguiente... así será nuestra biografía. Pero en uno de los fotogramas, en algún momento, algo ocurre y en ese instante nos cambia la vida. Lo que acontece nos provoca un impacto emocional, físico y psicológico que nos afecta a nivel personal, familiar y social de una manera tan importante que durante los primeros instantes no somos capaces de dar una respuesta a la situación tan dolorosa. Me refiero al fallecimiento repentino de una persona a la que queremos mucho, que teníamos la expectativa de volver a ver, como cualquier otro día, y resulta que en un abrir y cerrar de ojos todo se terminó, ya no estará, ha muerto y se ha trasformado en un recuerdo, un duro recuerdo.

Una llamada de un profesional sanitario, un policía, un guardia civil, un familiar o un amigo te da la noticia de que tu mujer, tu hijo, tu mejor amiga, ha tenido un accidente de tráfico y ha fallecido, o está en el hospital muy grave y cuando llegas ha muerto. En otras circunstancias, te comunican que tu familiar ha sido víctima de un ataque terrorista y ha muerto, o que le han encontrado sin vida con lesiones compatibles con un asesinato, o que él mismo se ha quitado la vida. Son momentos para los que ningún ser humano está preparado y marcarán en el calendario un antes y un después de ese día, que cambiarán nuestra vida para siempre.

> *Los «debería haber hecho», los «tendría que» o los «y si» no nos ayudarán en el proceso de duelo ante el fallecimiento inesperado.*

Ante tanto sufrimiento repentino, que no nos ha dado tiempo a procesar ni enfrentar, es muy probable que entremos en un proceso de *shock*, con ansiedad intensa, falta de reacción, embotamiento afectivo y cognitivo, bloqueo, rabia, lloros, taquicardias y reacciones de agresividad y descontrol, que pueden terminar en un desmayo, en una pérdida de consciencia. Si bien es una reacción muy intensa y desbordante, no es patológica, es una reacción normal ante una circunstancia que no lo es. Puede durar desde unas pocas horas a varios días. Después de este choque emocional inicial es frecuente que se ponga en marcha un mecanismo de defensa que los psicólogos llamamos «negación», que consiste en no aceptar lo que ha sucedido, con el intento de posponer el dolor. «Esto no puede ser verdad, tiene que haber un error, si he hablado con mi hijo hace diez minutos», «mi mujer me llamará, con tanto lío por el atentado no habrá cobertura, seguro que no estaba en esa estación». Poco a poco empezamos a conectar con la realidad y la evidencia del suceso, la muerte del ser querido, e iniciamos el proceso de duelo. Todo lo percibimos con mucha extrañeza y pasa muy rápido por nuestros sentidos, aunque paulatinamente vayamos aceptando la situación. Es importante, como he comentado en otros apartados, facilitar que las personas afectadas puedan hablar lo que necesiten sobre el fallecido y sobre lo que sienten, establecer una rutina con apoyo, supervisada, que cuiden su salud y que retomen su vida cotidiana progresivamente y sin presiones de tiempo.

Los «debería haber hecho», los «tendría que» o los «y si», no nos ayudarán en el proceso de duelo ante el fallecimiento inesperado.

En todas estas circunstancias de muerte inesperada, las personas dolientes tienden a hacerse muchas preguntas, la mayoría sin respuesta. Entiendo y comprendo esta necesidad de saber, pero lo que consiguen es no terminar de cerrar el suceso y las circunstancias de la muerte, prolongando así el sufrimiento e iniciando un duelo que a veces no es el correcto. Aparecen entonces «los debería», «debería haberle dedicado más tiempo», «tendría que haberle dicho que no frecuentara los lugares con multitudes, pero no tuve oportunidad». Quedan muchas cosas pendientes y todas ellas importantes, que pensamos *a posteriori*. Pero ya no tiene sentido continuar dándole vueltas a lo que no se pudo hacer en vida, y sí quedarnos con lo que hicimos juntos, lo que mereció la pena compartir con el familiar.

Algunas personas te verbalizan que no pudieron despedirse de manera adecuada con el fallecido, les queda ese vacío que no les deja vivir en paz. Les comento que es normal, ¡quién podría saber lo que le ocurriría! Les digo que lo único que pueden hacer es un acto de homenaje, elaborando una despedida como entiendan que merece y cerrar ese fleco suelto. La despedida no es lo más importante, en cambio sí lo han sido todos los encuentros, todos «los holas» que han tenido en vida.

El sentimiento de culpa e ira puede ser intenso en los casos de muerte inesperada, sobre todo en los de suicidio, pero no es la única circunstancia que provoca estos sentimientos. Por ejemplo, un accidente de coche en el que uno de los acompañantes muere, o un accidente doméstico o laboral en el que quien sobrevive piensa que el acto que resultó fatal lo tendría que haber hecho él en lugar de ordenárselo al familiar o al compañero. Si se prolonga en el tiempo el sentimiento de culpa puede desencadenar un duelo complicado, y a veces no es fácil trabajar incluso a nivel terapéutico. Pensar que hay una causa directa entre tu comportamiento y la muerte de un ser querido genera mucha angustia y ansiedad y puede llegar a impedir una vida normalizada. Dependiendo de la persona y su entorno, suelo trabajar esta emoción explicando al familiar doliente la relación que existe entre distintas variables que están implicadas y altamente relacionadas para llegar a sentir o no la culpa. La primera variable se refiere a la situación, lo que ha ocurrido realmente, los datos. La segunda tiene que ver con cómo percibimos la situación anterior, lo que pensamos. La tercera hace referencia a la emoción propiamente dicha, lo que sentimos, que en el caso que nos ocupa es la culpa. Y la cuarta variable a tener en cuenta es nuestra conducta, lo que hacemos y sus consecuencias. Teniendo en cuenta la relación tan estrecha entre estas variables, vamos trabajando la forma de percibir los acontecimientos y reestructurando los pensamientos que nos provocan esa emoción. Nos vamos a sentir de una forma u otra dependiendo de lo que pensemos.

De esta manera facilito que el doliente deje de hacer juicios de valor negativos sobre él mismo, y que se dé la oportunidad de pensar de otra manera. Poco a poco va desapareciendo la emoción de culpa, dejando de mirar al pasado, a lo que ya no puede modificar ni controlar, y mirando al presente y al futuro con esperanza e ilusión. En definitiva, decidiendo cómo quiere estar.

Muchas personas se preguntan: «¿Por qué nos ha ocurrido esto a nosotros?». Suelo decirles: «¿Y por qué no?, las cosas adversas no le ocurren solo a los demás, nosotros somos los demás de los otros». Ninguno de nosotros está exento de vivir una experiencia tan dolorosa y a veces traumática como la pérdida repentina de un ser querido. No se explica por tener mala suerte, ni por un castigo divino, simplemente porque la vida tiene estas cosas, tenemos hijos, padres, pareja, familia, amigos íntimos, cada uno con sus vidas particulares no exentas de riesgos leves, moderados o altos, dependiendo de su estilo de vida y su entorno. Por eso tenemos que centrarnos en compartir desde la cercanía los buenos momentos y abordar los problemas que van surgiendo en el día a día. Eso es vivir, sin olvidar que la muerte es la gran compañera de viaje de la vida.

### MUERTE POR ACCIDENTE DE TRÁFICO

### LA PÉRDIDA DE MARTA

«Estaba trabajando en mi despacho cuando me llamó mi hermano mayor y me dijo gritando y llorando que Juan, mi otro hermano, había fallecido. Un coche les arroyó en la carretera cuando estaban entrenando, como todos los sábados. Él y dos amigos estaban heridos leves. Juan y otro amigo fallecieron en el acto. Mi hermano me dijo que no era capaz de decírselo a nuestros padres, no quería separarse de Juan. Desolado, sin consuelo, al mismo tiempo sentía rabia e impotencia por lo que había ocurrido. Cuando colgué el teléfono me quedé en blanco, sentía rigidez muscular, frío en las manos, no me salían las lágrimas ni las palabras. Pasaron unos minutos, le dije a mi secretaria que me pidiese un taxi, no era capaz de conducir. Llegué a casa de mis padres y llorando, como pude, les dije que Juan había tenido un accidente y que estaba muy grave...».

Al impacto emocional que provoca la muerte inesperada es frecuente que se añada el sentimiento de injusticia: «La infracción terrible de un conductor imprudente se llevó la vida de mi querido hermano, no hay derecho a que siendo tan joven haya muerto». Posteriormente, tendrán que enfrentarse seguramente a un juicio, con lo que el dolor y la aflicción vuelven a ser muy intensos, afectando de manera importante al proceso de duelo. En estas circunstancias se hace imprescindible expresar la ira, desahogarse, validar las emociones y centrarse en lo que tienen que hacer en cada momento, asumir progresivamente la pérdida. Si el desajuste emocional perdura en el tiempo y no se consigue llevar una vida cada vez más normalizada, es aconsejable que visiten la consulta de un profesional de la psicología.

Marta vino a consulta dos meses después de que su hermano Juan falleciera. Estaba de baja laboral por ansiedad. El médico de familia le recetó un antidepresivo y un ansiolítico. Marta dormía mal incluso con fármaco, tenía pensamientos repetitivos sobre el fallecimiento de su hermano y la pena que sentía al ver a sus padres, ya mayores, totalmente destrozados. Le expliqué que la ansiedad es una reacción normal en esta situación. Para reducirla entrenamos en respiración abdominal y relajación muscular progresiva. Le fue muy bien para reducir la intensidad de los síntomas. Posteriormente empezamos a trabajar sus pensamientos repetitivos que le provocaban ansiedad y angustia. Confrontar los pensamientos negativos, poner en duda si son realistas o no, si me están ayudando en algo. Fortalecer aquellos pensamientos realistas, relacionados con el momento presente, que ayuden a tomar decisiones, a resolver problemas y sobre todo centrarse en el aquí y el ahora, le resultó de mucha utilidad a Marta. Con la estrategia de la parada de pensamiento logramos cortar con las *rumiaciones*, y con el uso de las autoinstrucciones positivas, que son mensajes cortos y realistas que uno se dice a sí mismo, conseguimos que se animase y realizara las acciones que tenía que hacer, aunque le costara, porque emocionalmente no se sentía bien. Le expliqué a Marta que era muy importante realizar una actividad física moderada al aire libre y que sería bueno hacerse acompañar, para que le resultara más agradable. Un amigo se prestó a caminar con ella y luego a correr diariamente.

Planificamos actividades diarias durante la baja: visitar a sus padres para animarles y dar una vuelta con ellos, leer y ver alguna serie que le interese, salir con amigos, hábitos de comida y sueño adecuados. Su trabajo le gustaba por lo que le indiqué que hablara con su médico de cabecera para proponerle el alta y la posibilidad de reducir o eliminar la medicación. Así lo hizo, y un mes después de haber venido a consulta, ya estaba trabajando. Marta está haciendo su vida, conviviendo con la tristeza y con la ausencia de su hermano, pero, según comenta, «voy tirando poco a poco, el trabajo me ayuda porque estoy centrada en otras cosas, mis amigos me acompañan y me siento mejor». En el seguimiento que estamos haciendo, tres meses después de finalizar el tratamiento, Marta está mucho mejor, hace una vida prácticamente como la que hacía antes del fallecimiento de su hermano. Además, está haciendo un acompañamiento emocional a sus padres en los ratos que puede junto a su otro hermano.

## MUERTE POR SUICIDIO

Todas las muertes inesperadas provocan un impacto emocional que desborda a la mayoría de los sobrevivientes, como ya he mencionado en otro apartado del libro. Pero si hay una muerte que provoca un *shock* intenso y duradero, con sentimiento de culpa, rabia, incertidumbre, frustración y perplejidad, es el suicidio de tu ser querido. El duelo puede ser más complejo que en otro tipo de fallecimientos, porque surgen preguntas que no tienen respuesta y se tarda más en aceptar la realidad y asumir que, aunque no estemos de acuerdo con su decisión, es la que ha tomado. ¿Cómo no me di cuenta de lo que estaba pasando? ¿Cómo ha podido hacer esto y hacernos sufrir de esta manera? ¿Por qué? Intentamos buscar explicaciones, podemos interpretar lo que queramos, pero es muy difícil llegar a una conclusión convincente sobre los motivos que le han llevado a terminar con su vida. Estas conjeturas provocan una afectación emocional muy intensa que no nos lleva a ninguna parte, únicamente a posponer el proceso de aceptación de lo que ha sucedido e iniciar un proceso de duelo más normalizado. Algunas familias se sienten señaladas por los demás y tienen vergüenza a la hora de explicar la muerte de su ser querido. ¿Qué le digo a los que me pregunten de qué ha muerto? Se sienten estigmatizados. Siempre les digo que no estén pendientes de esta circunstancia, lo más adecuado es que cada uno decida qué respuesta dar y, en todo caso, no tienen que sentirse obligados a dar ninguna explicación de lo sucedido, pero si quieren darla, que la den, lo que decidan estará bien.

Todo se complica si además un miembro de la familia o un amigo es el que encuentra el cuerpo del fallecido, esa imagen le va a acompañar y le va a provocar ansiedad y tristeza. No hay que hacer nada, no hay que luchar contra esta imagen, simplemente hay que aceptarla y entender que, en ocasiones, puede venir el recuerdo y sentirnos incómodos. Hay que hacer vida normal, retomar las actividades cotidianas y acceder a situaciones agradables. Progresivamente será un recuerdo que vendrá con menos frecuencia y menos intensidad.

Como en el resto de las situaciones que he descrito, durante el proceso de duelo es importante que el doliente exprese sus emociones, que hable de la persona fallecida, que llore. Ya he comentado que estas reacciones emocionales no son una psicopatología, son normales y así debe entenderlo la persona afligida. Por eso la mayoría de las veces no es necesario tomar medicación, salvo en los casos en los que se esté cronificando un estado emocional que impide hacer una vida normal a la persona doliente, es decir, si no soporta los sentimientos intensos después de varios meses, siente ansiedad elevada, vacío, si piensa en su propio suicidio, solo en estos casos, tiene que acudir a una ayuda psicológica, y a veces psiquiátrica. Es posible que desarrolle un trastorno por estrés postraumático, que luego explicaré.

No es correcto, en mi opinión, buscar repetidamente explicaciones sobre lo sucedido, ni siquiera los expertos sabemos el porqué ni tampoco cómo evitarlo en la mayoría de los casos. Por eso, el sentimiento de culpabilidad tiene que ir desapareciendo, ya que es muy difícil prevenir e impedir una acción suicida. Aunque deje una nota escrita, normalmente no explica los motivos reales. Con el paso del tiempo, los familiares y amigos tienen que asumir la pérdida y aceptar que tenemos que hacer una vida compatible con las emociones de tristeza, pena, añoranza del fallecido... realizando poco a poco las actividades que hacíamos antes del fallecimiento. Es muy duro, pero tenemos que hacerlo.

## EL INFIERNO DE ALBERTO

«Llegando a casa a la hora de comer, vi a mi hijo asomado en la ventana de su habitación. Cuando abrí la puerta y le llamé, no me contestó, la habitación estaba vacía y mi hijo inerte en el patio del edificio, se precipitó al vacío desde un sexto piso. Un vecino que escuchó un fuerte golpe en el patio se asomó y llamó al 112. En pocos minutos las asistencias médicas y policiales se personaron y certificaron su muerte. Se lo llevaron para hacerle la autopsia. Solo recuerdo esa imagen de mi hijo en el patio, del resto de lo que sucedió posteriormente no me enteré, no recuerdo lo que hablé con los sanitarios ni con la policía. En el tanatorio volví a ser consciente de que mi hijo estaba muerto, que todo había terminado». Esto me comentaba Alberto en mi despacho, llorando, con muchas dificultades para articular palabra, los ojos cansados, con expresión de tristeza en la cara y postura encorvada, encogida. Hacía cinco meses que había enterrado a su hijo, de diecisiete años. Estaba de baja laboral por depresión. Alberto trabaja en una multinacional en el departamento de contabilidad y desde lo ocurrido no volvió a la oficina. También refiere en el despacho que su mujer falleció a consecuencia de un cáncer cuando su hijo, Javier, tenía cinco años. A duras penas fue normalizando su vida para sacar adelante al niño, y pensaba que las cosas marchaban bien, con trabajo estable, con salud y su hijo estudiando. Todo estaba bien y no entiende por qué su hijo hizo lo que hizo. Me explica que es muy creyente, colabora en su parroquia en labores administrativas y participa en grupos de padres cristianos. A pesar de todo el sufrimiento, dice que nunca ha pensado en el suicidio y necesita reconducir todo esto. Tiene el apoyo de su familia y sus amigos, pero le gustaría recibir tratamiento psicológico.

Le expliqué a Alberto que, aunque hubieran pasado cinco meses, el tiempo cronológico no tiene nada que ver con el tiempo emocional, y que su afectación era un proceso normal, pero que tenía que aprender a convivir con el dolor mientras normalizaba su vida. Le aconsejé que volviese a trabajar lo antes posible, le facilitaría tener la atención dirigida a estímulos que nada tenían que ver con los acontecimientos vividos; cumplir con sus responsabilidades laborales y relacionarse en ese entorno era necesario. Diseñamos objetivos realistas y la forma para conseguirlos. Supervisábamos la ejecución de dichos objetivos. Aprendió a centrarse en el presente y retomar sin ayuda las tareas de casa. Planificamos actividades gratificantes, aunque las viviera con menos intensidad. Era importante retomarlas y facilitar momentos para desconectar y estar tranquilo. Trabajamos la aceptación de la realidad, de no resistirse ante lo que había pasado ni intentar comprenderlo, simplemente aceptar sus emociones y convivir con lo que ocurrió, lo que llamamos desensibilización a sus propios sentimientos negativos. Le enseñé a relajarse para disminuir la sintomatología de ansiedad, lo que aplicaba para dormir mejor. Fortalecimos pensamientos positivos, realistas, y aprendió a controlar los pensamientos automáticos. También trabajamos sobre cómo canalizar su ira, expresar su indignación en un contexto íntimo con familia o amigos. Alberto retomó su actividad cotidiana, rodeado de su gente.

## MUERTE POR ATAQUE TERRORISTA

«Estaba desayunando y en la radio dieron la noticia del atentado terrorista en un tren de cercanías. Me levanté y llamé a mi hija, era su hora de trasladarse a Madrid a trabajar. No me contestó, me puse en contacto con mi marido y mi otro hijo, pero tampoco sabían nada de ella. Se acumulaban las noticias de más atentados en distintos trenes y ya no pude permanecer en casa, la angustia era tan grande que no sabía dónde ir, pero sentía que tenía que hacer algo para buscar a mi hija. Quedé con mi marido y nos fuimos a Madrid. Sentía una incertidumbre insoportable, nunca llegábamos porque la A-2 estaba colapsada de tráfico. Las noticias que escuchábamos en la radio arrojaban cada vez mayor número de víctimas. Confusión, temor a un desenlace fatal, solo pensaba en dar con ella, saber dónde estaba. Se nos ocurrió visitar los hospitales para ver si estaba herida. Después de varias horas sin saber nada, con lloros frecuentes y ansiedad intensa, en uno de los hospitales nos confirmaron que mi hija había fallecido. El tiempo se paró en ese instante, todo se me vino abajo; la mirada perdida, sin hablar, todo terminó en ese instante».

Como en las situaciones anteriores, el doliente no ha tenido tiempo para prepararse y abordar un acontecimiento de estas características, una situación terrible. Es por esta razón por la que se produce un proceso de *shock*, de bloqueo emocional y psicológico en los primeros instantes, en que no termina de creerse lo que está pasando. Inmediatamente después, un dolor intenso por la pérdida y un hundimiento emocional, en la medida en que va siendo consciente de la pérdida. El principal apoyo en esos momentos es que viva la pérdida y que exprese emociones, que sienta el dolor, que inicie el proceso de duelo. Como ya hemos explicado, no debe sentirse culpable pensando que las cosas podrían haber ocurrido de otra manera. Este primer apoyo psicológico se lo dieron psicólogos y psicólogas del Colegio Oficial de Psicólogos de Madrid, que se prestaron a hacer esta labor de forma voluntaria, ante los terribles acontecimientos del 11-M. Mi admiración y reconocimiento para todos los colegas que participaron. Es importante entender que no tenemos control sobre todo lo que sucede y que aunque sintamos ira, tristeza y desesperanza las cosas terribles también ocurren y no podemos prever y evitar todo lo que nos puede hacer daño. Cuando seamos conscientes de lo que ha ocurrido y de la pérdida del ser querido, se iniciará el proceso de duelo, en estos casos, acompañado de sentimientos de ira y rabia hacia los que han cometido el atentado, e impotencia por no poder hacer nada. Hay que facilitar la ventilación de estas emociones, son reacciones normales. La persona doliente tiene que saberlo. También es muy importante que cada miembro de la familia retome sus responsabilidades lo antes posible y planifique el resto de actividades diarias. De esta manera será más sencillo que los pensamientos negativos pierdan fuerza y frecuencia y se vayan centrando en lo que sucede en el aquí y el ahora. Más adelante tendrán que enfrentarse a una situación difícil. En el caso de que haya habido detenciones por el acto terrorista, se celebrarán juicios y habrá muchas noticias en los medios de comunicación que removerán recuerdos y emociones. Es importante en estos casos, buscar apoyo de un profesional de la psicología, experto en procesos judiciales, para que los familiares sean capaces de presenciar el proceso judicial con el menor desgaste emocional posible. También pueden elegir no asistir a los juicios y es una decisión que hay que respetar.

## Muerte por asesinato

El daño que provoca este tipo de muertes en los familiares directos y en las amistades de la víctima es muy impactante. La intensidad del dolor dependerá de cómo haya sido el asesinato, quién lo haya cometido, si ha sufrido el familiar..., siendo más complicado iniciar un proceso de duelo normal. Es muy frecuente que la familia sienta miedo, angustia, que haya auto-reproches y culpabilidad por no haber podido proteger mejor a su ser querido, sentimientos de venganza, odio y otros muchos que jamás habían sentido hasta ahora. Enfrentarse a un proceso de denuncias, juicios, posibles condenas de los asesinos provoca de nuevo en la persona doliente una intensidad mayor de las emociones y sentimientos de ira, sobre todo si no se está de acuerdo con la sentencia. Además, hay una circunstancia que puede complicar mucho el proceso de duelo y es el tratamiento de las noticias por parte de algunos medios de comunicación. La forma de hablar del caso, si no se da una información fidedigna y respetuosa con la víctima y los allegados, puede hacer mucho daño emocional a la familia y amistades. Como siempre, ante estas situaciones en las que el dolor es muy probable que se prolongue mucho tiempo, es importante buscar ayuda psicológica y ponerse en contacto con asociaciones de víctimas para comprobar que, aunque sea muy duro, las personas que han sufrido situaciones parecidas van conviviendo con el dolor hasta que consiguen hacer una vida normalizada. Teniendo en cuenta los factores característicos de este tipo de muerte, en lo que respecta al duelo, una vez pasados los primeros momentos de *shock* y dolor intenso, las personas dolientes iniciarán un proceso normal, de duelo.

## CUANDO LORENZO PERDIÓ A SU HERMANA

«Mi hermana vivía en mi casa con mi sobrino de seis años, desde que se separó. Trabajaba en una peluquería. Como todos los días le di un abrazo al salir y le dije que tuviera cuidado. Llevé a mi sobrino al colegio y me fui a trabajar. A media mañana recibí una llamada de la jefa de mi hermana y me dijo sollozando, apenas conseguía entender lo que me quería decir, que a mi hermana la habían acuchillado, prácticamente en la puerta de la peluquería. Las compañeras, su jefa y un hombre que presenció todo atendieron a mi hermana, pero no reaccionaba. Llamaron a emergencias y se la llevaron. Todo ocurrió muy rápido, un hombre se acercó y la mató. En el hospital me dijeron que mi hermana ingresó ya cadáver. Inmediatamente pensé en su expareja. Roto de dolor y con una especie de rabia y tristeza profunda se lo dije a mi otro hermano, que vivía fuera, y a mis padres. Un compañero de trabajo estuvo a mi lado en todo momento para hacer todo el trámite de los funerales y colaborar con la policía para encontrar a la persona que yo sospechaba que era autora del asesinato. Después de la autopsia llevaron a mi hermana al tanatorio para iniciar así el proceso del sepelio. Mi sobrino se quedó en las primeras horas en casa de un compañero del colegio, hasta que fuimos a recogerlo y explicarle lo que había sucedido. Este momento me sobrepasaba y pude contactar con una psicóloga que me ayudó a encontrar las palabras adecuadas para transmitirle a mi sobrino que su madre había muerto, y lo que podíamos hacer con él».

Cuando Lorenzo, el hermano de la víctima, vino a consulta, estaba obsesionado con la expareja de su hermana, de quien se demostró su culpabilidad posteriormente. Le comenté que eran normales estos sentimientos pero que no le aportaban nada positivo. Al contrario, le provocaban sintomatología de ansiedad que le impedía adaptarse a la situación actual. Trabajé con él la expresión de su hostilidad, culpa y rabia, para ventilarlas y reconducirlas, porque lo más importante era que se centrara fundamentalmente en la pérdida de su hermana, en que la echaba de menos, en su dolor y no tanto en las circunstancias de la muerte. No fue fácil, pero poco a poco fue capaz de tener un proceso de duelo más normalizado. No era culpable de lo que le pasó a su hermana, él le ayudó en los momentos difíciles y le aconsejaba sobre el tipo de precauciones a tomar, pero no podía aislarla, meterla en un búnker para garantizar su seguridad. No existe la protección total, ella tenía que intentar hacer una vida normal, estaba en su derecho, le venía muy bien para sacar adelante a su hijo. Confrontamos todos los pensamientos negativos y progresivamente fue gestionando estos sentimientos. Actualmente Lorenzo está haciendo una vida normal y satisfactoria.

## MUERTE SÚBITA

«Recuerdo que estábamos saliendo de casa, mi marido y mis dos hijos, para recoger a mi padre. Íbamos a celebrar la graduación de mi hijo mayor y habíamos quedado con mis hermanos y cuñados para comer fuera. Al llegar a casa de mi padre, él no estaba en el aparcamiento esperándonos como en otras ocasiones, y uno de mis hijos subió a llamarlo. No contestaba al telefonillo, le llamó por teléfono y seguía sin contestar. Empezamos a preocuparnos por si había salido a comprar o a hacer alguna cosa, pero tampoco contestaba al móvil. Hicimos un poco de tiempo para ver si venía de otro lugar, aunque resultaba muy extraño en él, porque era muy puntual. Después de una hora, uno de mis hermanos fue a buscar una llave de la casa de mi padre, que tenía en su domicilio, y cuando regresó subieron a abrir la puerta. Pasamos y le encontramos en su cama arropado y "dormido". Le llamamos, pero no respondía, estaba frío, había muerto».

La defunción súbita por parada cardiaca en una persona que aparentemente está bien, sin sintomatología ni enfermedades previas, es una de las muertes inesperadas más frecuentes. Esta muerte, como no puede ser de otra manera, genera un impacto emocional intenso, no te ha dado tiempo a despedirte, es una terrible sorpresa y te invaden la confusión, el dolor y la tristeza. En estos momentos hay que intentar no reprimir la manifestación de las emociones y es bueno sentirte acompañado de las personas que te quieren. No hagas preguntas sobre si se podía haber evitado la muerte, ya ocurrió y ahora intenta asumir y aceptar la realidad. Siente el dolor de la pérdida e inicia el proceso de duelo normal acompañado de la familia y los amigos.

«Llegando a casa a comer, después de recibir clase en la universidad, me encuentro a mi madre tendida en el suelo con un poco de sangre alrededor de su cabeza, y la escalera caída a su lado. A partir de ahí todo es muy rápido, solo recuerdo mis gritos y llantos, avisé a una vecina que se ocupó de llamar a emergencias, de abrazarme y consolarme. A los pocos minutos llegó el médico y certificó su muerte. Nos comentó que tenía un fuerte golpe en la cabeza que acabó con su vida. Vinieron mi padre y mi hermana y poco a poco el resto de familia y amigos. La autopsia confirmó que el golpe en la cabeza por caída le provocó la muerte instantánea».

Esta es una circunstancia que se vive con incredulidad, «no puedo creer que esté muerta, si hablé con ella hace una hora escasamente». Se provocan llantos repentinos e imágenes frecuentes de la persona querida, ya fallecida. Pensamientos repetitivos sobre el familiar. Sensación de que la vida va a ser muy difícil a partir de ahora sin esta persona. Es muy importante que, pasados los primeros días después del sepelio y los funerales, los dolientes hablen de lo sucedido, que narren todo el proceso, cómo encontraron a la persona fallecida, en qué circunstancias, cómo se sintieron y qué hicieron en esos momentos. Este relato facilita desahogarse y asumir mejor la pérdida. También es necesario volver a plantearse nuevos objetivos en todas las áreas de la vida. Aunque sea muy doloroso en ausencia del ser querido, hay que hacerlo. Realizar actividades que se hacían antes del fallecimiento con o sin la persona fallecida e iniciar otras que agraden, que motiven, que vayan ilusionando. Seguramente va a costar mucho realizar estas actividades, pero para estar bien hay que hacer cosas y no esperar a hacerlas cuando se esté bien.

## MUERTE SIN CUERPO

«Mi padre era ingeniero y trabajaba en una planta petrolífera, le veíamos cada cinco o seis semanas aproximadamente. Dos días después de haberse marchado tras la visita que nos hacía, una explosión en la planta provocó varios muertos y desaparecidos. Uno de ellos fue mi padre. Se inició una búsqueda para encontrarlo vivo o muerto, pero según pasaban las horas y los días perdíamos un poco más la esperanza en encontrarlo. Quince días después las autoridades y la empresa dieron por terminada la búsqueda de supervivientes o de cadáveres. Aparentemente todo terminó en ese momento, pero varios años después, en algún rincón de nuestras cabecitas todavía existe la esperanza de volver a encontrarlo. Mi familia y yo hacemos una vida prácticamente normal, pero todos coincidimos en esta sensación, aunque sabemos que falleció en ese accidente».

La muerte en estas y otras circunstancias parecidas, como los secuestros y desapariciones de seres queridos en diferentes escenarios, en los que no se ha encontrado el cuerpo tras varios meses o años, provoca un estado psicológico y físico indescriptible. Iniciar el proceso de duelo es realmente difícil porque hay muchas cosas en el aire, sin explicación, muchos temas pendientes sin resolver. Cerrar el proceso es sumamente complicado. Cuando los dolientes reciben la noticia de la desaparición, se provoca un estado de *shock*, ya descrito para otras situaciones de muerte, pero se añade otra noticia tan terrible como la anterior, y es que se termina la búsqueda o la investigación. El nivel de dolor y sufrimiento es muy alto por la impotencia y frustración de que ya no se puede hacer nada. Los familiares y amigos de la víctima quieren seguir buscando y su proactividad les lleva a denunciar la situación a nivel social, quieren que se les escuche y que se comprenda su desesperación por encontrar viva o muerta a la persona que quieren. Acceden a los medios de comunicación y redes sociales para sensibilizar a la opinión pública sobre su necesidad de ayuda. Tienen que seguir enfrentándose a las investigaciones policiales, a las que por suerte no están acostumbrados, generándose permanentemente un problema de adaptación, porque esto no acaba a corto plazo y hay mucho desgaste emocional.

Es muy difícil iniciar un duelo normalizado sin cadáver, porque no terminas de asumir el fin, no aceptas la realidad de la muerte, te quedas con la incertidumbre y con la ansiedad que esto provoca. Necesitamos un cuerpo y un lugar para depositarlo, para llorarlo, para visitar su tumba y homenajearlo. Tenemos que hacer un ritual de despedida, elegir un lugar simbólico para depositar flores, para visitarlo, para ir con la familia y los amigos y sentirnos reconfortados y comprendidos. Expresar emociones, confrontar el sentimiento de culpabilidad para reducirlo y eliminarlo y, sobre todo, aprender a convivir con la incertidumbre del día a día y con la pena y la tristeza. Aquí sí considero que es imprescindible tener un tratamiento psicológico para abordar este proceso y evitar llegar a la depresión. El profesional de la psicología nos va a ayudar a que nos adaptemos poco a poco a los cambios que se van a producir en nuestra vida, a confrontar pensamientos que nos generan angustia, a no generar falsas expectativas, a realizar actividades que normalicen nuestro día a día, a colaborar con los medios de comunicación, con los investigadores, con la policía y la Guardia Civil, que nos ayuden a abordar los posibles juicios. En definitiva, a seguir viviendo en ausencia de la persona desaparecida.

En todas las situaciones descritas en este capítulo, es posible que algunas personas dolientes desarrollen un trastorno por estrés postraumático o un trastorno de adaptación. La Clasificación Internacional de Enfermedades, en su décima versión, CIE-10 (en mayo del 2018 está previsto que esté publicada la versión undécima), define el Trastorno por Estrés Postraumático de la siguiente manera: «Se trata de un trastorno que surge como respuesta tardía o diferida a un acontecimiento estresante o a una situación (breve o duradera) de naturaleza excepcionalmente amenazante o catastrófica, que causarían por sí mismos malestar generalizado en casi todo el mundo (por ejemplo, catástrofes naturales o producidas por el hombre, combates, accidentes graves, el ser testigo de la muerte violenta de alguien, el ser víctima de tortura, terrorismo, de una violación o de otro crimen). Las características típicas del trastorno de estrés postraumático son: episodios reiterados de repetición de la vivencia del trauma en forma de reviviscencias o sueños que tienen lugar sobre un fondo persistente de una sensación de "entumecimiento" y embotamiento emocional, de desapego de los demás, de falta de capacidad de respuesta al medio, de anhedonia (pérdida de interés) y de evitación de actividades y situaciones evocadoras del trauma. Suelen temerse, e incluso evitarse, las situaciones que recuerdan o sugieren el trauma. Estado de hiperactividad vegetativa (mareos, sudoración, taquicardia, molestias epigástricas, vértigo, sensación de ahogo, sequedad de boca, temblores en las piernas, insomnio, sensación de pérdida de control, nudo en la garganta, etc.) con hipervigilancia, un incremento de la reacción de sobresalto e insomnio. Los síntomas se acompañan de ansiedad y de depresión, y no son raras las ideaciones suicidas».

Las personas que sufren un accidente de tráfico en el que su vida ha estado en riesgo y en el que ha muerto su ser querido pueden sufrir el trastorno por estrés postraumático. El doliente que ha encontrado el cuerpo de su familiar fallecido porque se ha suicidado, o porque le han asesinado, o ha encontrado a su familiar fallecido en casa por accidente doméstico o muerte por parada cardiaca, o el de la persona que ha desaparecido, se encuentra en circunstancias que pueden provocar este trastorno. Estas personas van a experimentar la mayor parte de los síntomas descritos, dificultando el duelo normalizado. El tratamiento de este trastorno tiene que realizarlo un profesional sanitario, fundamentalmente de la psicología.

El tratamiento psicológico que realizo con personas dolientes que padecen este trastorno tiene como principal objetivo eliminar la ansiedad asociada a los recuerdos, pensamientos, imágenes, objetos y situaciones altamente estresantes para el paciente, para que pueda hacer una vida normal, sin miedos. Para conseguir este objetivo, primero hago una evaluación del estado mental, de la situación personal, familiar y social. En las primeras sesiones vamos obteniendo información relevante de las circunstancias que están provocando la situación problemática, lo analizamos funcionalmente y concretamos las situaciones que le afectan y que está evitando porque le provocan mucha ansiedad. «Desde que falleció mi novia en el accidente, soy incapaz de coger el coche, de pasar cerca del lugar donde ocurrió, tengo pesadillas y de repente me viene la imagen, la veo en el coche sin moverse, sin responder, me viene a la cabeza repetidamente, siento mucha ansiedad y angustia. Me siento responsable por proponerle ese viaje. El camión se nos echó encima y no pude evitar la colisión. Me arrepiento de tantas cosas. Me siento muy limitado para trabajar porque necesitaría volver a conducir. Hasta ahora me lleva y me trae un compañero, pero le hago madrugar mucho y no quiero incomodarle más». Le doy información concreta sobre su problema, le cuento por qué se mantiene en el tiempo y qué es lo que vamos a trabajar y cómo lo haremos. Esta información la compartimos con la familia para que comprendan el proceso y colaboren en lo que les vaya proponiendo en la intervención.

Es importante que el paciente aprenda a parar y cambiar alguno de los pensamientos que le vienen de manera automática y que le generan angustia. Trabajamos la parada de pensamiento, que consiste en que cada vez que le viene uno o una imagen que le provoca ansiedad, tiene que decir «*stop*» e intentar focalizar la atención en otra cosa y darse auto-instrucciones incompatibles con el pensamiento inicial: «Pude evitar el accidente». Tienes que decir «*stop*» y pensar en que «no estaba en mi mano hacer nada distinto, pasó y pasó», e intentar hacer algo que te distraiga. También trabajamos en confrontar los pensamientos con otros más realistas. La idea «podría haber realizado mejor los ejercicios de reanimación y de esa manera se hubiese salvado», sustituirla por un pensamiento más realista: «En el informe de la autopsia se dice claramente que falleció en el acto, nada se podía hacer». De esta manera el paciente va controlando los pensamientos y consigue estar más tranquilo, sin angustia.

Paralelamente al entrenamiento de control de los pensamientos enseño al paciente a relajarse y utilizo la técnica de la relajación muscular progresiva de Jacobson. Con este proceso conseguimos que el paciente tenga mayor capacidad de autocontrol.

Controlando los pensamientos y la tensión muscular, el paciente está en las mejores condiciones para afrontar las situaciones que le provocan mucha ansiedad. Esto lo podemos hacer de manera progresiva, de los estímulos más fáciles de abordar hasta los que le generan más intensidad emocional, utilizando la imaginación y después lo hacemos en vivo. El objetivo es que no evite el problema y que se enfrente a él para perder el miedo y reducir la ansiedad. En el caso descrito, lo hacemos con la estampa de su novia inmóvil. Empezamos con imágenes que se van acercando a la que le provoca ansiedad y lo vamos trabajando con la relajación hasta que la imagen que le angustia deja de tener esta emoción asociada, y ya no le provoca tanta ansiedad. En realidad, es una respuesta contraria a la ansiedad. Con la exposición controlada y con la relajación podemos conseguirlo. También lo hicimos con el coche. Seguimos la misma estrategia hasta que fue capaz de conducir.

El Trastorno de Adaptación, según la CIE-10, se define por «estados de malestar subjetivo acompañados de alteraciones emocionales que, por lo general, interfieren con la actividad social y que aparecen en el periodo de adaptación a un cambio biográfico significativo o a un acontecimiento vital estresante. El agente estresante puede afectar la integridad de la trama social de la persona (experiencias de duelo, de separación) o al sistema más amplio de los soportes y valores sociales (emigración, condición de refugiado). El agente estresante puede afectar solo al individuo o también al grupo al que pertenece o a la comunidad. Las manifestaciones clínicas del trastorno de adaptación son muy variadas e incluyen: humor depresivo, ansiedad, preocupación (o una mezcla de todas ellas); sentimiento de incapacidad para afrontar los problemas, de planificar el futuro o de poder continuar en la situación presente y un cierto grado de deterioro del cómo se lleva a cabo la rutina diaria. El enfermo puede estar predispuesto a manifestaciones dramáticas o explosiones de violencia, las que por otra parte son raras». También he trabajado con muchas personas que padecían estos síntomas a raíz de una muerte de un ser querido en general, pero fundamentalmente cuando era una muerte inesperada.

El tratamiento psicológico de este trastorno tiene el objetivo de que la persona doliente sea capaz de recuperar las riendas de su vida, que tome decisiones y que normalice su rutina diaria en el trabajo, en sus estudios, con su familia, con sus amigos, en su tiempo de ocio y en su salud. A veces el fallecido era la persona que aportaba los ingresos y tras su muerte el resto de la familia tiene que realizar cambios en cuanto a sus responsabilidades. «No puedo soportar esta situación, cualquier cosa me desborda y me angustia, no soy capaz de concentrarme, de salir, nada me apetece, así no puedo vivir». El profesional de la psicología diseña los objetivos para que el paciente se adapte lo antes y de la mejor manera posible a la situación sin el ser querido. Mi trabajo consiste en entrenar al paciente en la toma de decisiones y la resolución de problemas, utilizando sus habilidades. Otro entrenamiento consiste en minimizar la aceptación de los estímulos estresores, procurar que tenga herramientas para enfrentarse a la situación, ya descritas en el trastorno anterior. Dedicamos varias sesiones a trabajar el autocontrol emocional y la proactividad para conseguir los objetivos que hemos diseñado en todas las áreas más importantes de su vida. La intervención termina cuando la persona doliente es capaz de hacer una vida acorde con sus decisiones y viviendo un duelo normal.

## Reconocimiento del cadáver

En ocasiones, por las circunstancias del fallecimiento tenemos que reconocer el cadáver de la persona que queremos. Es un momento muy complicado porque al dolor intenso por la pérdida se añade el desgarro emocional por ver al familiar, o al amigo, en esas condiciones tan desagradables. Son imágenes que vamos a guardar en nuestra memoria para siempre y durante los primeros días posteriores a la identificación las recordaremos espontáneamente, con más o menos frecuencia, con más o menos intensidad. Es normal que ocurra, ya que han sido momentos muy impactantes. No hay que hacer nada, simplemente aceptar que vengan y se vayan, no hay que luchar contra este proceso. En todo caso, podemos hablar de ello con las personas adecuadas. Con el paso del tiempo y en la medida en que estemos centrados en las actividades cotidianas, estas imágenes irán perdiendo fuerza hasta que prácticamente no nos vengan.

Para enfrentarnos a esta situación, es recomendable, si es posible, que las personas que decidan identificar el cuerpo sean dos y estén acompañadas por un profesional experto en duelo, fundamentalmente un profesional de la psicología. Son instantes en los que importa la comunicación, cómo nos dicen las cosas, lo que vamos a ver y dónde, cómo está el cadáver. Importa la expresión de las emociones, lloros, abrazos, silencios… hay que respetarlas y el psicólogo nos guiará desde el inicio hasta finalizar el proceso. En ocasiones, la identificación se hace primero utilizando fotografías y luego, cuando la persona doliente esté preparada, presencialmente. Creo que es una forma de facilitar esta tarea. Por otra parte, siempre que sea posible, no hay que obligar a ninguno de los amigos y familiares a realizar esta tarea. Es una decisión estrictamente personal. La persona que se sienta capaz de hacerlo y que se perciba con suficiente estabilidad emocional podría ofrecerse para esta labor. Como ya he comentado, es mejor que sean dos para que pueda haber contacto físico, para que puedan hablar de ello posteriormente y desahogarse, que siempre viene muy bien.

## GESTIONAR LAS EMOCIONES

> *Céntrate en el momento presente, que es el único que puedes vivir e intenta disfrutarlo porque en un instante será pasado, será irreversible.*

Todos necesitamos aprender a gestionar las emociones para que cuando tengamos que enfrentarnos a las situaciones adversas de la vida estas no se prolonguen demasiado en el tiempo. Hablar de emociones en un libro sobre duelo parece algo normal, no lo es tanto hablar de estrategias de pensamiento, emocionales y de comportamiento que te ayudan a vivir, a disfrutar de lo que hacemos, a valorar lo que tenemos y con quién estamos. Es decir, a vivir con intensidad.

Imagínate que durante la infancia te hubieran enseñado a reconocer tus propias emociones y las de los demás, a comprenderlas, a expresarlas y no tanto a demostrarlas; a normalizarlas, a sentirlas pero no prolongarlas. Imagínate que te hubieran enseñado a pensar de manera útil y no anticipar en tu cabeza escenarios negativos que te angustian, a no mirar tanto al pasado salvo para aprender o al futuro para ilusionarte, a no dar tantas vueltas a las cosas. Imagina que te hubieran enseñado a convivir con la discrepancia, a llegar a acuerdos, a mostrar tu opinión y no convencer como sea al otro; a consensuar, a tenerle en cuenta. ¿Te has planteado cómo serías si te hubieran enseñado a escuchar de manera activa, a comprender al otro y entender su situación, aunque no estés de acuerdo, a valorar tu opinión y expresarla con claridad y respeto, con asertividad, a decir no cuando es no? Imagínate por un momento que te hubieran enseñado a tomar decisiones, a resolver problemas, a conseguir tus objetivos de manera proactiva, a no hundirte con el error sino a animarte a mejorar. Cómo serías si te hubieran enseñado a quererte, a no machacarte, a valorarte, a degustar el tiempo y no a engullirlo. Imagina si te hubieran enseñado a vivir y facilitar la vida a otros, a valorar lo que tenemos y hacer las cosas en el momento presente y no esperar a no sé qué, a no sé cuándo, ya que las cosas son fugaces y no eternas. Imagínate. El tiempo que dedicas a discutir inviértelo en querer. El tiempo que inviertes en comerte el coco dedícalo a una conversación estimulante. El tiempo que dedicas a hablar y hablar inviértelo en escuchar con serenidad y comprender. Siente lo que tengas que sentir sin trabas ante lo que venga en el día a día. Céntrate en el momento presente, que es el único que puedes vivir, e intenta disfrutarlo porque en un instante será pasado, será irreversible. Disfruta de la vida y haz disfrutar a tus seres queridos, porque en un instante todo se termina. Lo importante no es que alguien muera, sino que ha vivido.

El responsable a nivel físico de nuestras emociones es una estructura neurológica que llamamos sistema límbico, que además tiene otras funciones muy importantes para el organismo. Nuestro cerebro nos permite entonces sentir, pero las emociones surgen en la interacción de la persona con las circunstancias que vive en cada momento, y sobre todo dependen de cómo las percibe. En nuestro estado de ánimo influye la personalidad, el repertorio de habilidades que hemos aprendido durante la vida, nuestra forma de tomar decisiones y resolver problemas, el contexto, lo que pensamos, cómo nos comportamos, nos relacionamos y nos valoramos, entre otras muchas variables que pueden afectar a la estabilidad emocional, y a cómo gestionamos las emociones.

Las emociones tenemos que sentirlas, no nos queda otra opción que comprenderlas, no hay emociones buenas o malas, aunque algunas de ellas pueden ser desagradables en algunos momentos. Pero es normal que las sintamos con diferente intensidad en cada ocasión. Una vez que la hemos sentido, es bueno expresarla, ventilarla con interlocutores que tengan la capacidad de escuchar, de comprender y no juzgar. Nuestras emociones las vamos a vivir con mucha intensidad, pero duran poco tiempo; por lo tanto, si es posible, no las prolonguemos mucho en el tiempo, no hay que añadir sufrimiento gratuitamente. Y para conseguir esto marquémonos un objetivo para trabajarlo en ese instante y pongámonos en marcha para conseguirlo. Poco a poco empezaremos a guiar nuestro comportamiento en base al objetivo diseñado, al margen de lo que estemos sintiendo con más o menos intensidad. Pongamos un ejemplo para ilustrar esta idea: Manuel está viviendo momentos difíciles, está de duelo porque ha fallecido un hermano joven, con el que tenía mucha relación ya que trabajaban juntos en su propio negocio. Apenas sale de casa, aunque ya hace quince días que enterraron a su hermano. Tiene lloros frecuentes y repentinos, y no quiere retomar el ritmo de trabajo porque no se siente con fuerzas. No habla ni con su mujer ni con nadie sobre lo que siente porque no le sale, se lo calla, solo se muestra triste y sin ganas de hacer nada, no quiere molestarle ni preocuparle más. Su mujer se puso en contacto conmigo porque veía que su marido no terminaba de sobreponerse al fallecimiento. Hablé con él y lo primero que hicimos fue hablar de su hermano, de las cosas que hacía dentro y fuera de la empresa, de lo que le aportaba en lo personal y en lo profesional, de las vivencias del pasado. Le expliqué que los llantos repentinos son muy frecuentes y normales en el proceso de duelo y que sus altibajos emocionales eran su reacción ante una situación tan triste. «Ha pasado poco tiempo y es natural que te sientas así». Le indiqué que era muy importante hablar con su mujer de lo que sentía y le preocupaba, que era una forma de ventilar sus emociones. También le comenté que, aunque no se sentía con fuerzas para trabajar, era un buen momento para planificar el día en casa y empezar a trazar una hoja de ruta con el objetivo de retomar poco a poco el trabajo. La inactividad no es una buena estrategia para normalizar tu vida, ni tus emociones, ni nada, no es útil. Se mostraba muy reacio a volver a trabajar. Le comenté que le diese una vuelta a lo que habíamos hablado en la sesión y que me diera una respuesta antes de la siguiente. Él mismo propuso llamar a su hombre de confianza en la empresa para que le informara de los temas más importantes que tenía pendientes. Me contestó que intentaría volver a trabajar a pesar de su estado de ánimo. Le dije que para empezar podría trabajar desde casa durante tres mañanas, y por las tardes estar con su mujer haciendo tareas y saliendo a pasear. Una semana después se incorporó a la empresa en un horario normal. No le apetecía, se sentía muy triste, echaba de menos a su hermano, pero hizo lo que tenía que hacer, cumplir con su objetivo de volver a trabajar.

Recuerda que es muy importante tener objetivos y cumplirlos a pesar de que, a veces, no estamos emocionalmente en un buen momento.

# 5

## ¿DÓNDE ESTÁN LOS NIÑOS EN EL PROCESO DE DUELO?

*Los niños han de tener mucha tolerancia con los adultos.*
ANTOINE DE SAINT-EXUPÉRY

Todos tenemos en la memoria una imagen histórica, que se ha reproducido infinidad de veces en los medios de comunicación. Me refiero a los funerales del presidente americano John F. Kennedy, asesinado, en la que su hijo John, con dos años de edad, hace el saludo militar al pasar el féretro de su padre. Quizás nos llame la atención la emoción del momento que se capta en la imagen porque no es frecuente ver a niños en los tanatorios, ni en los entierros de sus familiares, al menos en España. Con el objetivo de evitar el dolor o el sufrimiento, muchas familias excluyen a los pequeños de todo el proceso del fallecimiento y los funerales de su ser querido. Pero los niños y niñas, dependiendo de su momento evolutivo, de su edad y de la relación que tuvieran con el difunto, sienten la pérdida a su manera, por lo general muy distinta de lo que podemos experimentar los adultos, por lo que es muy importante observar sus manifestaciones de duelo y acompañarles durante los días más difíciles, inmediatamente después del fallecimiento y seguir haciéndolo durante varios meses.

Cuando el niño tiene uno o dos años de edad ya es capaz de establecer una relación afectiva con las personas que le cuidan. La muerte de un familiar no va a tener ninguna consecuencia significativa sobre él, a no ser que sea su madre. En esta situación es muy probable que el pequeño note su ausencia, sienta la separación y eche de menos su piel y su olor. Le notaremos que come y duerme un poco peor, durante unos días estará más intranquilo. Es muy importante el contacto físico, hacerle caricias, masajes y hablarle con un tono de voz suave, estimularle el lenguaje, sonreírle, jugar con él para que se sienta reconfortado, seguro y tranquilo. A los tres años, el niño empieza a adquirir determinados hábitos, de comida, sueño, higiene, juego... y va desarrollando un poco más su sociabilidad. El fallecimiento de una persona muy cercana puede alterar un poco lo que se ha conseguido con respecto a esos hábitos, y también un retraimiento en la relación con los demás. Es posible que aumenten la frecuencia de las rabietas y la actitud negativa, que por otra parte es muy normal a esta edad. En el colegio pueden observarse estos cambios de manera momentánea, volviendo poco a poco a la rutina. También es importante informar a los tutores del centro educativo de que ha fallecido un familiar del niño, para facilitar su integración y centrarle en sus tareas.

Entre los tres y los seis años, el niño tiene un pensamiento intuitivo, mágico, muy centrado en el aquí y el ahora. Entiende la muerte como un proceso reversible, como si el difunto estuviese dormido y pudiese volver a la vida. Si nos fijamos en los dibujos animados y en muchos cuentos infantiles, los personajes pueden caer por un precipicio, ser aplastados por una piedra o atropellados... y vuelven a la historia como si nada hubiese pasado. En el momento en el que fallece un familiar cercano hay que explicarle que se ha muerto y no vamos a verle más. Su cuerpo ha dejado de funcionar y ya no vivirá más. El niño puede hacer muchas preguntas y tenemos que responderlas con un lenguaje entendible para su edad. Puede preguntarnos cuándo viene a casa la persona fallecida, porque no entiende que la muerte sea irreversible. Cuando echa de menos al familiar puede manifestar irritabilidad, llamar más la atención con comportamientos desmedidos, mostrarse triste y al rato juguetón, esto es muy normal en estas edades. Van a requerir más presencia nuestra, dormir con nosotros, pueden hacerse pis por las noches, tener más pesadillas y hablar de manera más infantil. Tenemos que acompañarles, contestar a sus preguntas, ofreciéndoles apoyo para que se sientan queridos y valorados, pero sin sobreproteger. En estas edades el comportamiento de los niños tiende a ser inestable, con cambios bruscos en sus emociones: tan pronto ríen como lloran. No prolongan las emociones como los adultos. Todo esto es un proceso evolutivo normal en el que se puede incorporar su proceso de duelo.

En el periodo entre los seis y nueve años aproximadamente, siguen evolucionando en las capacidades cognitivas, hacen razonamientos sencillos y surge el interés por las cosas. Entienden el concepto de muerte, pero suele identificarse con cosas que no hacen referencia al cuerpo sin vida del fallecido, sino a una especie de fantasía relacionada con un castigo, un esqueleto, un fantasma, un monstruo y otro tipo de personajes de ficción, que te atrapan y te llevan. Van entendiendo progresivamente el concepto de muerte irreversible y, más adelante, cuando desarrollan la capacidad de razonar, a partir de los nueve o diez años, con el pensamiento hipotético deductivo, saben que todos nos vamos a morir. Ante la noticia del fallecimiento del familiar querido pueden sentir nervios, tristeza, a veces miedo a morirse como el familiar, falta de concentración en las tareas escolares, un cierto aislamiento con los amigos, culpabilidad por haber regañado al fallecido o discutido con él. Suelen preguntar muchas cosas sobre cómo murió, qué pasa con el cuerpo enterrado, donde estará... forma parte de su curiosidad natural, a la que se suma la inquietud por lo sucedido.

Desde que nacen, los niños se dedican a observar nuestra cara, nuestros gestos y expresiones, nuestro volumen y tono de voz, son grandes expertos, nos conocen muy bien, saben que nos pasa algo y por lo tanto tenemos que explicarles lo que ha ocurrido. Hay que decirles de manera clara, con la verdad por delante y siempre adaptando el lenguaje y la información a la edad y comprensión del niño, que su familiar ha muerto, que estamos muy tristes, que es normal que nos vean llorar porque no vamos a verle más y le vamos a echar mucho de menos. Pero al mismo tiempo hay que explicarle al niño que seguimos cuidándole, que no va a estar solo, que si necesita llorar que llore, no pasa nada y si se siente triste que lo comente, que vamos a escucharle y atenderle, y que poco a poco tiene que retomar la rutina del colegio, de los amigos, de las cosas que le gusta hacer. Aunque echemos de menos al fallecido, seguimos queriéndole y recordándole. Cada niño va a reaccionar de una manera distinta y hay que facilitar que exprese lo que siente, hacerle saber que estamos juntos y vamos a estar ahí con él. El contacto físico es imprescindible y contestaremos a sus preguntas según vaya formulándolas, con contestaciones claras para no confundirle.

Si observamos que el comportamiento del menor está alterado durante varios meses, si no duerme bien, si no sigue el ritmo de las tareas escolares, si no le apetece hacer nada, si tiene reacciones de ira o agresivas, si no se relaciona con sus compañeros... es adecuado pedir ayuda psicológica.

Me preguntan con frecuencia si es necesario que los niños asistan a los ritos funerarios. Les digo que el principal criterio para tomar esta decisión es que los menores quieran asistir, no hay que obligarles a participar. En el caso que asista al tanatorio, entierro o cremación, siempre tiene que estar acompañado por un adulto en el que confíe y es imprescindible explicarle lo que va a ver, el entorno donde va a estar, la multitud de personas que asistirán, lo que se va a hacer. No es necesario que vea el cadáver, pero si lo va a hacer, insisto en que tiene que estar acompañado y explicarle en todo momento lo que está aconteciendo.

# EL CASO DE LUCÍA Y ALBERTO

Antonio trabajaba como encargado de una tienda en un centro comercial en la Comunidad de Madrid y su mujer, Begoña, era administrativa en una empresa eléctrica. Tenían dos hijos, Lucía, de nueve años, y Alberto, de once. Todo transcurría con normalidad, era una familia sin problemas importantes, las cosas iban bien. Una noche Antonio se puso mal, con mucho dolor abdominal y fueron a urgencias en el hospital más cercano. Le dijeron que la vesícula biliar estaba obstruida por cálculos y que habría que operar. Le dieron cita para un mes después. Le operaron y todo fue bien. Tras una semana en el hospital le dieron el alta, salió con las grapas puestas en la herida. Siete días después tendría que volver al hospital a quitarse las grapas e informar de cómo estaba. El mismo día que tenía que ir al hospital, Antonio se desplomó inconsciente ante su mujer. Begoña intentó reanimarlo y llamó a emergencias. Cuando llegaron los médicos, tras varias maniobras de reanimación certificaron su fallecimiento. El cuerpo de Antonio lo trasladaron al Anatómico Forense para realizarle la autopsia. En el informe decía que un coagulo de sangre provocó una parada cardiaca, una crisis aguda que terminó con su vida.

El día del fallecimiento sus hijos estaban en el colegio. Begoña llamó a los familiares y amigos para comunicarles lo que había ocurrido. Una hermana de Begoña, Ana, fue a buscarles al colegio y les dijo al llegar a casa que su padre había muerto, su organismo no había superado un posible ataque al corazón y que su madre estaba esperando en el Instituto

Anatómico Forense, donde le estaban analizando para saber qué había pasado. Ana me conocía de un curso que impartí sobre autocontrol emocional y me llamó para que la orientara sobre qué hacer con sus sobrinos en estas circunstancias. Le expliqué que los niños tenían que estar acompañados en todo momento. Decirles que todos estamos muy tristes, con ganas de llorar y muy sorprendidos porque ha sido todo de repente y no nos hacemos a la idea. Hay que facilitarles que expresen sus preocupaciones y lo que sienten e ir dándoles respuestas, siempre desde la verdad y sin ocultarles nada. Ana se lo comentó a su hermana, Begoña lo hizo así y todo fue bien dentro de lo que cabe esperar en esta situación. A las dos o tres horas volví a llamarle para hablar de la asistencia de sus sobrinos al tanatorio y los funerales de su padre, les preguntó si querían asistir y ellos dijeron que no, que no querían ver a su padre muerto. Le dije que respetaran esa decisión y que para despedirse de su padre pensaran en algún acto sencillo con ellos y con Begoña para cerrar el proceso. Tres días después del entierro, Ana me dijo que habían puesto una foto y una vela y habían rezado todos juntos y esto les tranquilizó. Le expliqué que las reacciones de lloros, de rabia y de ansiedad eran normales, que hablaran con los tutores del colegio y volvieran a su rutina lo antes posible. Ana hizo una labor de acompañamiento a sus sobrinos, de manera excepcional, a pesar de que personalmente estaba rota, pues tenía muy buena relación con su cuñado y su dolor era muy intenso.

# 6

# LOS PADRES QUE HAN PERDIDO A UN HIJO

*Acepta. No es resignación, pero nada te hace perder*
*más energía que el resistir y pelear contra una situación*
*que no puedes cambiar.*

DALAI LAMA

Los adultos sabemos que todos vamos a morir, pero cuando la persona que fallece es un hijo o una hija, nos cuesta asumir esta pérdida porque rompe totalmente lo esperable, que los hijos entierren a sus padres. La forma en la que se produce la muerte, esperada o inesperada, es muy importante, e influye en el proceso de duelo, aunque, independientemente de esto y en términos generales, el fallecimiento de los hijos es una situación desgarradora, de un dolor sin límites, que provoca un vacío en la vida de los padres al romperse uno de los proyectos vitales más importantes, que no es otro que el de sacar a sus hijos adelante, con sus expectativas de futuro, con sus ilusiones por verles crecer, estudiar, trabajar y que sean personas felices y sanas.

Conocemos el concepto de duelo, ya lo hemos leído a lo largo de estas páginas, cada uno de los miembros de la pareja y del resto de la familia va a sentir a su manera el dolor de la pérdida, y es fundamental respetar al otro en lo que siente, en cómo lo manifiesta, en los momentos en los que está hundido y en los que no. No es la hora de los reproches («me da la sensación de que no te está afectando como a mí»), ni de buscar culpables («si no le hubieras dejado el coche», «¿por qué te despistaste en el parque y no le viste cruzar la calle?). Ya no podemos hacer nada ante la muerte, busquemos la explicación que busquemos. Lo mejor que podemos hacer es estar muy unidos en esta situación y acompañarnos junto a la familia y los amigos, para sobrellevar el dolor y la tristeza. Ya habrá tiempo para hablar de todas las otras cuestiones.

La relación de la pareja y con los demás hijos se puede ver afectada, como describiré un poco más adelante. Si la muerte era esperada como consecuencia de una enfermedad, la desorganización familiar habría comenzado ya desde el diagnóstico. Cuidar a un hijo tanto en el hospital como en casa supone una sucesión de cambios en la rutina que fuerza a los familiares a adaptarse a las distintas situaciones que se van dando, la mayor parte de ellas muy difíciles. Hay un desgaste emocional por el esfuerzo, por la preocupación por la salud del enfermo, por asumir las responsabilidades laborales, académicas y convivir con una situación de riesgo vital del enfermo. La comunicación se resiente, no hay mucho tiempo para hablar y cuando lo hacen la única conversación se centra en el hijo enfermo, a veces no atendiendo a las demandas de los demás hijos. Todo esto se vive con niveles altos de ansiedad y estrés, con impotencia y sobre todo con una tristeza permanente. Inician el duelo anticipado porque saben que su hijo va a morir, pero intentan mantener el tipo y el autocontrol, aunque cuando no están delante del enfermo manifiestan una aflicción intensa, sin consuelo, y solo les queda el apoyo entre ellos, el resto de su familia y los amigos. Una vez que ha fallecido entran en ese proceso de duelo y adaptación a la vida sin su hijo.

En los casos en los que la muerte del hijo es inesperada, como he comentado, es frecuente que en los primeros momentos los padres sufran un *shock*, incredulidad y negación de lo que ha ocurrido y un posterior hundimiento emocional: lloros, rabia, ansiedad y sintomatología física de gran afectación. Todo se paraliza o se distorsiona, la comunicación en la pareja, la afectividad, la relación con los demás miembros de la familia. El proceso de duelo es muy difícil por los sentimientos de culpabilidad y los reproches, a veces reacciones de ira contra el mundo.

Ambas circunstancias, muerte esperada o inesperada, provocan tal afectación importante en la relación de pareja y con los demás miembros de la familia, que merece la pena detenernos un momento para analizarla y ofrecer alguna alternativa de mejora.


## RELACIÓN ENTRE LOS PADRES Y LOS DEMÁS HIJOS

Tras la muerte de uno de sus hijos, los padres en general entran en un estado de desesperación por el vacío que deja la pérdida, algunos verbalizan sus ganas de morir para encontrarse de nuevo con el que se fue. Al mismo tiempo sienten rabia por lo injusta que es la vida, mucha tristeza y angustia por el temor a que pueda pasarles otra vez; están vulnerables, con la frustración de no haber podido salvar a su hijo, protegerle como habían hecho hasta entonces. En ocasiones el duelo que desarrolla alguno de ellos, o los dos, es patológico, incluso habiendo pasado varios meses no se permiten disfrutar de nada, lo consideran una traición a la memoria de su hijo, y tampoco se lo permiten a la pareja o a sus hijos. En definitiva, si se me permite la expresión, viven más pensando en el muerto que no en los que están vivos, por lo que se consideran «muertos en vida» y arrastran hacia la tristeza y la falta de ilusión al resto de la familia. La consecuencia inmediata es que las personas que no viven el duelo de esta manera tienen una relación cada vez más difícil porque les afecta en todas las áreas importantes de su vida. Sienten que es un delito reír cuando ves un programa de televisión, o festejar un acontecimiento con los amigos. Si intentan rehacer su vida poco a poco se sienten culpables. Puede darse una sobreprotección desmedida con la intención de proteger más a sus hijos, limitándoles la autonomía personal y su toma de decisiones. La comunicación se altera porque, al estar bajo la dictadura emocional que lleva a mirar únicamente lo sucedido en el pasado, no admiten otra alternativa que la que ellos piensan que es la correcta, y se hace difícil el diálogo. Por mi experiencia, cuando los padres imponen esta forma de enfrentar el duelo es necesario consultar a un profesional de la psicología, porque los padres o alguno de los miembros de la pareja pueden terminar en un estado de apatía y más tarde de depresión.

Es perfectamente entendible el desgarro vital por el que pasan los padres sobrevivientes a la pérdida de un hijo, y desde fuera no nos podemos imaginar la intensidad del dolor y la aflicción que sienten día a día, sobre todo en los primeros momentos después del fallecimiento. Cuesta mucho asumir la pérdida y aprender a vivir sin el ser querido, pero es necesario dirigir la mirada al momento presente, hacia las personas que están ahí y que también están sufriendo la pérdida de su hermano o hermana, e ir construyendo un futuro viable, ilusionante y con esperanza sin su hijo. El dolor nos va a acompañar mucho tiempo, nada nos lo puede quitar, tampoco es necesario, pero no podemos añadir sufrimiento a ese dolor. Por eso es importante, aun a costa de un esfuerzo emocional y físico, retomar el trabajo y las rutinas diarias, dedicar un tiempo en exclusividad a nuestra pareja y a nuestros hijos para expresar lo que sentimos y respetar todas las manifestaciones sin juzgar ninguna de ellas, tampoco las nuestras. Nuestros hijos también necesitan contar sus cosas, qué les está sucediendo con los estudios, con los amigos, sus preocupaciones e ilusiones. No tenemos que minimizar su importancia comparándola con la muerte de su hermano, muy al contrario, hay que escucharles, atenderles y dar respuesta a sus demandas. Es fundamental autorizarnos a nosotros mismos a participar en actividades que nos hagan sentir bien, retomar el ocio y estar con amigos. Tener momentos para el recuerdo, focalizando nuestra atención en los buenos momentos que compartimos con el hijo ausente, sin olvidarnos de seguir disfrutando de lo que tenemos y compartirlo con las demás personas que nos rodean, fundamentalmente nuestros hijos. Poco a poco, con el paso del tiempo y fortaleciendo esta actitud de adaptación, irán apareciendo nuevas ilusiones que nos acerquen al objetivo de volver a estar bien, simplemente a estar bien.

## Relación con otros miembros de la familia y amigos

Los padres dolientes pueden llegar a sentir que los demás no alcanzan a comprender la intensidad de su dolor y tienden a aislarse, no quieren exponerse a estar mal o en desacuerdo con lo que dicen o plantean los demás: «No saben lo que es perder a un hijo y lo que sentimos, nos animan a salir, a distraernos, pero no se dan cuenta de cómo estamos sufriendo, aunque lo hagan con la mejor intención. Cuando cada uno nos vamos a nuestra casa, ellos tienen su familia al completo y nosotros no, ¿por qué no entienden nuestra soledad y el vacío que tenemos en casa?». En ocasiones la frecuencia de contactos con los abuelos disminuye para no hacerles sufrir más tras la pérdida de su nieto o nieta. Evitan así hablar de lo mismo, del fallecido y de cómo están. Solo quieren estar en casa y con las visitas justas.

Respeto toda forma de sobrellevar el proceso de duelo, pero insisto en que los padres dolientes no están solos y es aconsejable hacerse rodear de aquellas personas que entienden que les pueden ayudar, porque tienen más confianza, porque saben que siempre están ahí para lo bueno y lo malo. A veces son familiares cercanos y otras veces amigos íntimos. No es necesario hacer lo que les piden en todo momento, pero de vez en cuando es correcto salir, pasear, tomar algo para hablar de cómo se sienten y desahogarse. Les va a venir bien. El aislamiento puntual de visitas y llamadas de personas que no forman parte de la red social más inmediata puede ser útil. Se evita de esta manera tener que estar dando explicaciones sobre lo acontecido a cada momento. Pero el aislamiento no tiene que durar mucho tiempo. Al contrario, dejarse acompañar por las personas que elijan ellos mismos es muy importante para compartir emociones.

Los abuelos son personas que sufren intensamente el fallecimiento de uno de sus nietos. Tenemos la mala costumbre de suponer que el duelo en las personas mayores es de menor intensidad que en los adultos. Nada más lejos de la realidad, los abuelos son personas que necesitan acompañamiento emocional por parte de sus seres queridos, necesitan que les escuchemos y comprendamos sus sentimientos y les facilitemos que los expresen. Hablar de lo que sienten y necesitan es bueno, aunque a veces sea más repetitivo porque seguramente tengan más tiempo para dar muchas vueltas a las cosas. Los padres que han sufrido esta pérdida tan grande tienen que visitar a sus mayores para desahogarse mutuamente y proporcionarles afecto, no son de piedra, sienten como los adultos jóvenes; ni de cristal, no se van a romper porque se hable de lo ocurrido, porque se sientan tristes.

## RELACIÓN DE PAREJA

La relación de pareja lógicamente se ve afectada ante una circunstancia tan terrible y dolorosa como es perder a un hijo. Una vez que han transcurrido los primeros días tras el entierro o cremación de su ser querido, cuando tienen que enfrentarse a la soledad y al vacío de la pérdida, es el momento de poner en marcha todos los recursos para pasar el duelo juntos, aunque cada uno sienta cosas distintas y en momentos diferentes. En ocasiones el dolor y la irritabilidad facilitan los reproches, lo que se pudo o no hacer para salvarle la vida, el arrepentimiento de alguna decisión tomada, echar la culpa al otro o a uno mismo... Insisto en que en esos momentos de ira, normales en todo proceso de duelo, se pueden decir cosas que llegan a doler mucho por la situación que están viviendo. Tenemos que considerar que estas verbalizaciones y expresiones son fruto de la impotencia, del dolor y de la tristeza profunda y por lo tanto no hay que valorarlas ni entrar en una discusión que no nos va a llevar a nada. Simplemente hay que escuchar sin contestar en esos instantes. Intentar estar lo más tranquilos posible a pesar del dolor.

No debemos abandonar la relación de pareja durante el proceso de duelo; muy al contrario, tenemos que ocuparnos de ella más que nunca. En los momentos buenos que nos trae la vida es fácil estar con la pareja, todo fluye y es sencillo gestionarla, pero en los momentos duros y complicados es donde nos damos cuenta de la importancia de tener a la pareja al lado para afrontar lo que venga. Si no lo hacemos bien, si no tenemos al otro en cuenta, si solo pensamos en nuestro dolor y van pasando los meses, la relación puede resquebrajarse, en ocasiones de manera irreversible. Convivir con el duelo significa retomar nuestras responsabilidades profesionales y familiares. Aunque no estemos al cien por cien emocionalmente, hay que retomarlas progresivamente.

Si nos centramos exclusivamente en la relación de pareja, es importante mantener una comunicación frecuente, un tiempo dedicado a que los dos expresen sentimientos y preocupaciones, sobre qué ha pasado durante el día. Escuchemos al otro y aportemos lo que decidamos aportar. Poco a poco tenemos que diversificar el contenido de las conversaciones y no solo hablar de que echamos de menos al hijo. Hay que abrir campos de interés. También es importante empezar a realizar alguna actividad que nos agrade como pareja, practicar algún deporte, pasear, tomar algo, quedar de vez en cuando con algún amigo o ver algún programa de televisión. Progresivamente nos irá apeteciendo hacer más cosas y empezar a disfrutarlas. Os recuerdo que disfrutar no es olvidar, es vivir. Tenemos que permitirnos hacer cosas que nos hagan sentir bien. Nos lo merecemos.

Aunque para algunas parejas el intercambio afectivo no es prioritario y no lo manifiestan, en mi opinión hay que abordarlo desde la comunicación abierta y sin prejuicios. Me refiero a que la pareja tenga acercamiento emocional y físico. No hay un tiempo marcado en el calendario para que, a partir de una determinada fecha, la pareja pueda tener relaciones íntimas, expresar que se quieren a todos los niveles. El tiempo cronológico no tiene nada que ver con el tiempo emocional, y el ritmo lo marca la propia pareja, sin exigencias, sin reivindicaciones ni presiones, pero hay que abordarlo. Perder a un hijo no nos hace asexuados y, por lo tanto, es normal y adecuado iniciar acercamientos sexuales para comprobar cómo nos estamos sintiendo, hasta que poco a poco seamos capaces de normalizar esta situación. Hay que tener en cuenta en todo momento que el hombre suele sentir el deseo sexual antes que la mujer, por lo que hay que dar tiempo a que ella esté preparada para iniciar este proceso de retomar progresivamente la actividad sexual. También es conveniente tener proyectos de futuro, que sean viables e ilusionantes para la relación de pareja. Se entiende que todo esto ha de hacerse poco a poco, pero siempre dándonos la oportunidad de volver a estar bien.

## ANA, JOSÉ… Y MONTSE

«Ana y yo, José, estamos casados desde hace veinte años y teníamos dos hijos, José de catorce años y Montse de dieciséis. Ana trabajaba y trabaja en la farmacia, como auxiliar y yo trabajo en un taller mecánico. Nuestro reloj se paró hace dos años, durante las fiestas del pueblo de mi mujer, cuando recibimos la noticia de que nuestro hijo José había fallecido en un accidente de tráfico cuando se trasladaba a las fiestas de un pueblo vecino con tres amigos. El que conducía tenía dieciocho años y fue el único que sobrevivió al impacto contra una mediana, los otros dos acompañantes fallecieron. El *shock* emocional fue brutal y desde entonces no hemos levantado cabeza, especialmente Ana».

Esto es parte de lo que me comentaba José en la primera consulta. También me dijo que tienen un problema de relación con su hija, ahora de dieciocho años, y que ellos como pareja no terminan de funcionar. «Prácticamente no salimos, del trabajo a casa y de casa al trabajo. No hablamos mucho porque ella se acuesta muy pronto, no vemos series, hemos dejado de salir con amigos y con nuestra propia familia. En cuanto a mi hija, creo que no la atendimos lo suficiente cuando murió su hermano y ahora con su madre a penas se habla porque discuten todos los días. El motivo es que mi mujer no tolera que mi hija salga y haga una vida normal, le molesta que riamos y que hagamos cosas para entretenernos. Estamos aislándonos de todo. Yo estoy muy cansado de la situación, a pesar de acordarme todos los días de mi hijo, al que echo mucho de menos, en el trabajo me distraigo, hablo con mis compañeros y con los clientes y me viene bien, pero cuando llego a casa todo es tristeza y sufrimiento por parte de mi mujer. Ella trabaja, pero ha tenido varias bajas por ansiedad y depresión. En casa hace las tareas y cuando termina de recoger se tumba y cierra los ojos y no quiere que la molestemos». Le comenté si podía hablar con Ana y con su hija Montse, y me dijo que si ellas querían por él no habría inconveniente.

Los objetivos que nos propusimos fueron mejorar la relación entre los tres, trabajar con Ana un cambio de actitud ante el proceso de duelo y, en su caso, realizar una intervención para el tratamiento de la depresión.

Para conseguir estos objetivos iniciamos el tratamiento, en el que lo más relevante fue:

*Activar conductas y planificar actividades*. Ana tenía que empezar a conectar de nuevo con la vida, a cambiar progresivamente sus actividades diarias y llevar a cabo algunas nuevas. Hizo una lista de actividades que le gustaba hacer a ella sola, y otras en compañía de José y su hija, o con amigos, y fue incorporando en la semana alguna de estas actividades.

*Expresar a su marido José y a su hija Montse por qué se siente tan hundida.* Tener una comunicación más cercana con ellos. Escuchar y comprender a su hija Montse, y facilitar que realice una vida normalizada y según sus posibilidades. No juzgarse entre ellos, ni su comportamiento, ni su forma de afrontar el duelo. Le expliqué que durante el proceso de duelo, sobre todo al inicio, es muy normal que su hija adolescente tuviera reacciones desmedidas, de llanto, de ira, de aislamiento o de estar más tiempo con sus amigos que con sus padres. Es normal que ellos, en lugar de comprender, rechazaran estos comportamientos. Tenían que respetar la expresión de sus emociones y haber contado con ella para acompañarla en este proceso, y que ella acompañara a sus padres para sentirse útil. La niña también necesitaba afecto y cercanía, pero ellos no estaban presentes en ese momento, por el impacto inicial, estaban rotos emocionalmente. Era importante entonces pedirse perdón mutuamente y eliminar el sentimiento de culpabilidad, ya que en ningún caso había intención de dañar.

*Ponerse en contacto con la Unidad de Duelo del Centro de Psicología Álava Reyes,* para hablar con familias que estaban pasando por su misma situación de pérdida de un hijo.

*Organizar un acto de recuerdo positivo de su hijo,* con su familia y amigos, en el que compartir buenos recuerdos.

*Detectar pensamientos negativos* que le hacían sufrir y cambiarlos por pensamientos alternativos, para adaptarlos a la realidad. Uno de los pensamientos de Ana era que si reía traicionaba la memoria de su hijo. Sustituimos este pensamiento diciendo que recordar no es incompatible con seguir viviendo y con disfrutar de lo que tenemos.

*Controlar la respuesta de ansiedad* mediante técnicas como la relajación muscular progresiva, que consiste en tensar durante siete segundos y aflojar distintas zonas musculares (manos, brazos, hombros, cuello, frente, párpados, mejillas, mandíbula, labios, músculos intercostales, columna vertebral, abdomen y piernas). También es útil la realización de actividad física cambiando bruscamente la temperatura del organismo.

*Gestionar la tristeza, validándola.* Es normal tener oleadas de tristeza, que podemos sobrellevar conectando con estímulos distractores (hablar con alguien cercano, hacer actividad física, leer, ver una película, etc.).

*Mejorar el intercambio afectivo con José*, aumentando la comunicación y el acercamiento físico poco a poco.

Todos se implicaron en el tratamiento psicológico. Ana y Montse aprendieron a comunicar sus opiniones respetando la discrepancia. Ana comprendió que su hija tenía que realizar actividades con sus amigos y cumplir con sus responsabilidades cotidianas. Los estudios iban bien, Montse animaba a sus padres a salir y estaba pendiente de ellos. Por otra parte, Ana cumplía los objetivos que ella misma había diseñado y mejoró la situación personal y de pareja. Tomó la decisión de hacerse voluntaria de una asociación de padres que han perdido a un hijo. En el seguimiento, me comentan que el recuerdo de su hijo lo llevan siempre en la mochila y ellos se han dado la oportunidad de seguir creciendo como personas y como familia. A los tres meses de tratamiento psicológico Ana estaba más activa, más estable emocionalmente y más conectada con su familia. Todo cambió a mejor.

## MUERTE PERINATAL O NEONATAL

La muerte de un hijo durante el embarazo o durante los vein-
tiocho días posteriores al nacimiento la llamamos muerte
perinatal y neonatal. Perder a un hijo es una de las circunstancias más difíciles y dolorosas a las que por desgracia tienen que enfrentarse algunas personas. Es un momento impactante para los padres, que va a marcar sus vidas para
siempre. Cuando reciben la mala noticia del fallecimiento,
en cualquiera de sus formas, durante la gestación o en los
primeros días de vida, suelen sentir una tristeza profunda,
ansiedad y bloqueo porque no saben qué hacer en esos momentos. Sentir vivo a un hijo durante la gestación provoca
que se fortalezcan los lazos afectivos antes de nacer. Le quieren, se imaginan cómo será físicamente, se ilusionan por cómo cuidarle o cómo será la vida a corto plazo cuando ya estén en casa, en su habitación, en su cuna, con sus cosas.
Tantas expectativas se vienen abajo en un instante y tienen
que iniciar el proceso de duelo para que puedan adaptarse,
asumir y aceptar la pérdida de su bebé. He de decir que es
un duelo del que erróneamente se habla poco, que no se tiene mucho en cuenta, por variables culturales fundamentalmente. Se piensa que, al tener poco contacto con el bebé,
pocos minutos, horas, días, la intensidad del dolor no es tanta como en cualquier otro tipo de pérdida. Esta manera de
percibir este proceso de duelo no tiene ningún sentido, porque una pérdida de un bebé es una gran pérdida. Otra percepción errónea hace referencia a que los padres pueden volver a tener hijos, y con esto podrían compensar la muerte de

su bebé. Cada persona es única e insustituible, cada pérdida es un momento terrible y doloroso, y no lo mitiga la expectativa de que en un futuro volverán a intentar quedarse embarazados.

Los profesionales sanitarios que atienden a la madre y a su pareja en este proceso de pérdida del bebé en el propio hospital son los que realizan el primer acompañamiento emocional para que inicien el proceso de duelo. Les dan información permanentemente sobre lo que ha pasado, les facilitan momentos de intimidad para que la pareja pueda consolarse y despedirse, si lo deciden así, del bebé. La familia, por su parte, tiene que facilitar que cada uno viva este proceso de duelo a su manera, respetando su tiempo, su ritmo. Es importante hablar de las emociones, de lo vivido, del bebé, en suma recordarle. La pareja tiene que apoyarse y respetar lo que cada uno sienta en cada momento. Poco a poco van a ir asumiendo la pérdida y tendrán que hacer su vida conviviendo con la tristeza y el recuerdo, hasta que vayan aceptando la nueva situación.

# 7

# LA MUERTE DE TU PAREJA.
# «NO ME IMAGINO LA VIDA SIN TI»

> *UNA NOCHE...*
> *Una noche de verano (...)*
> *la muerte en mi casa entró.*
> *Se fue acercando a su lecho*
> *—ni siquiera me miró— (...).*
> *Mi niña quedó tranquila,*
> *dolido mi corazón.*
> *¡Ay, lo que la muerte ha roto*
> *era un hilo entre los dos!*
>
> Antonio Machado a Leonor, cuando murió

La muerte de tu pareja, la persona con la que querías y decidiste estar, es una de las circunstancias más trágicas con la que te puedes encontrar a lo largo de tu vida. Tanto si ha sido un fallecimiento esperado como si no, se ha marchado y se terminó el ilusionante viaje que hacíais juntos. Se bajó en una estación, en ese instante, pero el viaje continúa y ahora lo harás sin tu ser amado. Entierras a la persona y con ella vuestras intimidades, los proyectos futuros, vuestra forma de comunicaros y de estar con el otro. Es muy difícil aceptar una pérdida irremplazable que se lleva tantas cosas importantes, y por ello es muy probable que pases por un proceso de duelo desolador en el que, por mucho que te digan e intenten ayudarte, sentirás un intenso desconsuelo y vacío. Soñarás muchas veces que estás junto a tu pareja, o te despertarás pensando que todo ha sido una terrible pesadilla, hasta que, en unos segundos, compruebas que la realidad es la que es, la persona que amas ya no está. Sentirás intensa aflicción y angustia, desorganización en tu vida cotidiana y en tus procesos mentales, como la atención y la concentración. Vendrán momentos de inapetencia en las cosas que antes te gustaba hacer, de apatía, de desinterés. Harás las cosas básicas, sobre todo si tienes hijos, pero con mucho esfuerzo porque no te apetecerá durante los primeros momentos. También puedes notar que la tristeza, la pena, el agotamiento físico y el nerviosismo que te acompañarán en todo momento durante muchos meses convivirán con otras emociones y sentimientos como el de rabia, porque te ha abandonado dejándote con este dolor y sufrimiento, con esta soledad interna, aunque estemos con amigos o con el resto de la familia. No es extraño que incluso puedas albergar en tu corazón el sentimiento de culpabilidad por las discusiones absurdas y sin ningún interés en las que invertisteis un tiempo irreversible y mal utilizado, por cómo fue la última vez que le viste con vida y sobre todo cómo fue la despedida, tus últimas palabras, su última mirada hacia ti, el último beso o abrazo, si falleció repentinamente. Los lloros serán frecuentes y recordarás a la que fue tu pareja durante un tiempo. Porque cualquier cosa será una excusa para reencontrarte con un recuerdo. Te diría más, todo te recordará a ella, momentos, lugares, pertenencias, olores, comidas, rincones, música, películas, amigos comunes, temas relacionados con sus actividades y un sinfín de situaciones. Si sientes estas cosas o parecidas tienes que saber que es normal, a veces puede ser molesto por la intensidad de lo que sientes, pero es normal y adecuado sentir el dolor de la pérdida para que puedas aprender a vivir sin tu pareja y reemprender la vida como decidas.

La soledad no es ni buena ni mala, depende de cómo lo percibas y lo que decidas hacer con ella. El viaje de tu vida continúa y comprendiendo la dureza de la situación en la que estás viviendo, estar en soledad puede ser un momento para conocerte, para auto-observarte y ser consciente de tus estados emocionales, los negativos, pero también los positivos, que irán instalándose de nuevo, con el tiempo, en tu estado de ánimo. Considera la soledad como pequeños paréntesis en el día, para analizar las cosas, para empezar a tomar decisiones al margen de lo que puedan estar diciéndote las personas cercanas. Es una oportunidad para recordar, pero también para acordar con uno mismo lo que vas a hacer a corto, medio y largo plazo. Inicialmente serán ideas fugaces, pero irán adquiriendo forma y fuerza en la medida que vayas elaborando tu hoja de ruta, para seguir luchando por tu vida y por la de tus seres queridos que siguen vivos. Estos periodos de soledad tienen que ser compatibles con el resto de actividades que realices durante el día, se trata de no aislarte sino de oxigenarte de vez en cuando, reconciliándote con tus emociones, pensamientos y comportamientos, todo ello, en definitiva, para estar bien con uno mismo. Recuerda que siempre vas a estar contigo, intenta no juzgarte, tienes que comprenderte, animarte y darte oportunidades, tantas como haga falta, y continúa tu viaje lo más confortable posible, sin mirar para atrás, ilusionándote de nuevo por lo que queda por ver.

Para asumir la pérdida te va a venir muy bien aceptar y sobre todo adaptarte a las nuevas situaciones, focalizar tu atención en lo que puedes hacer y controlar directamente, lo que depende de ti, no sin esfuerzo, aunque no te apetezca al principio, pero es muy importante hacer las cosas que dependen de ti. Planifica el día, el tiempo dedicado a trabajar, a relacionarte, a tareas que antes hacía tu pareja y ahora tienes que asumirlas tú. Sal de casa y realiza actividades que te gusten y que te faciliten conocer a más personas además de las amistades que ya conoces y que tienes que seguir consolidando, disfrutando de su compañía. No te aísles. Reúnete con familiares para hablar de tus cosas y de las suyas. Cuida tu salud y tu imagen, para reducir el estrés practica actividad física con frecuencia. No te niegues a los planes de futuro en solitario o en compañía de otras personas. Pero sobre todas las cosas tienes que autorizarte a volver a sonreír, a ilusionarte, esto no es traicionar, insisto en que esto forma parte de tu vida y ya va siendo el momento de mirar hacia el amanecer y no hacia el ocaso. En esta forma de percibir tu nueva realidad, ten en cuenta que el sentimiento de querer es tuyo, siempre ha estado ahí, con o sin pareja, lo tienes tú en tu mochila. Lo mismo pasa con el sentimiento de sentirte querido, querida, también ese sentimiento es tuyo y de nadie más. Puedes sentirte querido por amigos, familia, compañeros de trabajo o por una mascota, pero el sentimiento es tuyo y lo era incluso antes de conocer a la pareja fallecida. Lo que has sentido con tu ya expareja no lo vas a sentir con ninguna otra persona, pero sentirás otras muchas cosas, diferentes pero que también merecerá la pena sentir y disfrutar en el ámbito afectivo. Y recuerda, lo que sientas no tiene que ver con traicionar, sino con vivir.

## LA «TRAICIÓN» DE DAVID

Pilar se casó hace diez años con David. Era una pareja estable, con calidad de vida. Los dos trabajaban en posiciones de mucha responsabilidad en sus empresas. David viajaba mucho y se veían poco, por eso decidió cambiar de puesto de trabajo dentro de la misma empresa para estar en Madrid y disfrutar más tiempo con su mujer. Los fines de semana intentaban estar con la familia y los amigos. No tenían hijos, lo habían decidido así. Tenían previsto montar una empresa y trabajar juntos, les ilusionaba este proyecto, lo veían viable y los dos tenían mucha experiencia en el sector de la comunicación y la publicidad. Habían alquilado un piso cerca de donde instalarían su nueva oficina. Participaban, en el poco tiempo que les quedaba libre, en un voluntariado para ayudar a emprendedores jóvenes desfavorecidos. La vida les sonreía en todos los aspectos, pero un día Pilar enfermó. Le diagnosticaron un cáncer de páncreas. Tras una cirugía y varios tratamientos, falleció a los cuarenta y cinco años de edad.

David, roto de dolor, inició su duelo. Días después del entierro de Pilar, no fue capaz de retomar el trabajo y le dieron la baja médica por ansiedad y estado de ánimo bajo. Se fue a vivir con sus padres durante el mes y medio que estuvo de baja, y luego volvió a retomar sus responsabilidades. Le costó mucho regresar a su casa y se hizo acompañar de su hermana y un amigo para no estar solo durante los primeros días. En la semana que estuvo acompañado recogieron las pertenencias de Pilar, se quedó con varias cosas de ella, y su hermana se encargó de sacar de su casa el resto. Una vez que empezó a vivir solo, aproximadamente tres meses después del fallecimiento de su mujer, se enfrentó a momentos muy difíciles por la soledad, con sentimientos de tristeza y añoranza. Los planes y proyectos ilusionantes desaparecieron con Pilar y día tras día fue centrándose, no sin esfuerzo, en su trabajo y en estar con la familia. De vez en cuando invitaba a algún amigo a su casa porque no quería salir, todo le recordaba a Pilar y se sentía mejor en el hogar. Volvió al voluntariado y se distraía viendo películas y leyendo libros de autoayuda. De esta manera y acompañado de las personas cercanas, normalizó su vida sin Pilar.

David vino a consulta dos años después del fallecimiento de su mujer. El motivo de consulta era que había conocido a una persona en el contexto del voluntariado y habían salido de vez en cuando a tomar algo. Sentía que esta persona le interesaba cada día más, pero no terminaba de dar un paso en la relación porque nacía en él un sentimiento de pena y tristeza porque se veía traicionando la memoria de Pilar. Era una situación muy extraña, le bloqueaba y le sobrepasaba. Me comentaba que no dormía, sentía nerviosismo y no paraba de darle vueltas al tema de la traición. También sentía vergüenza solo de pensar en lo que diría la familia de Pilar, con los que seguía manteniendo un contacto relativamente frecuente. Se lo dijo a su hermana, a sus padres y a dos amigos de confianza. Uno de ellos fue el que le derivó a la consulta.

Durante la sesión le comenté a David que lo que estaba sintiendo era muy novedoso y necesitaba un tiempo para adaptarse y tomar una decisión sobre lo que quería hacer. Intentamos racionalizar algunos aspectos que me planteaba. La relación con Pilar surgió y decidieron fortalecer la pareja, se quisieron mucho hasta el final. «La echaste de menos y el dolor por su pérdida se apoderó de ti hasta que poco a poco aceptaste su muerte, y aprendiste a vivir sin ella. Nadie está exento de sentir afecto por otra persona, en la mayoría de las ocasiones surge una implicación afectiva, una admiración, una atracción, aunque no lo busquemos, puede surgir y a partir de ahí, si el sentimiento es mutuo, podemos tomar decisiones. Puedes percibir que si inicias una nueva relación estás traicionando la memoria de la que fue tu pareja, es normal que lo sientas así y con extrañeza, pero de aquella relación solo quedan recuerdos y espero que elijas los que te hacen sentir muy bien, pero son solo recuerdos, no hay nada más. No puedes traicionar a alguien que ya no está. Intenta darte la oportunidad de analizar la situación en el aquí y el ahora, y puedes dedicar un tiempo a tomar una decisión pensando únicamente en ti». Nos dimos de plazo un mes y vino a consulta con la decisión de que iniciaría esta relación con esta persona, y lo que le preocupaba era cómo decírselo a la familia de Pilar. Lo trabajamos desde la comunicación asertiva, es decir, expresando los propios pensamientos y sentimientos, respetando, siendo consciente y comprendiendo lo que sienten los demás. De esta forma habló con ellos. Tardaron unos días en comprender la situación, tampoco era fácil para ellos, pero le dijeron con lágrimas en los ojos que había sido una buena persona con ellos y con su hija, y se merecía rehacer su vida. Así lo hizo y hasta ahora le va muy bien.

# 8

## HABILIDADES PARA ACOMPAÑAR A LA PERSONA DOLIENTE

> *No me importa lo que me digas a mí.*
> *Me importa lo que compartes conmigo.*
>
> SANTOSH KALWAR

En algún momento, si vives muchos años, ojalá que así sea, seguro que alguien cercano a ti va a morir, y ya hemos explicado lo que se suele sentir en un proceso de pérdida. En estas circunstancias alguien te va a acompañar o eres tú mismo el que vas a hacer esa labor tan importante. Cada uno intenta acompañar como sabe, como puede y como es, con la mejor intención, por supuesto, pero sabemos que en ocasiones un comentario, un gesto, un consejo rápido, una comparación, una instrucción repetitiva o que te obliguen a hacer algo para lo que no estás preparado genera en el estado físico y emocional de la persona doliente el efecto contrario a reconfortar, y puede sentirse con más tensión y desánimo y aumentar su crisis vital. Por este motivo, aunque ya han salido a lo largo de las páginas de este libro algunas habilidades para acompañar, voy a describir las que considero muy importantes, sin agotar las posibilidades, puesto que cada persona manifiesta un repertorio amplio de recursos aprendidos y consolidados a lo largo de su experiencia de gran utilidad para estar cerca del doliente.

## COMUNICACIÓN ÚTIL Y CONEXIÓN EMOCIONAL

La comunicación es el producto que construimos conjuntamente cuando interaccionamos de verdad con otra persona. Creamos un ambiente facilitador para conversar, para compartir silencios, para mirarnos, escucharnos, tocarnos, sonreír o llorar, en definitiva, para que las personas implicadas nos sintamos cerca en estos instantes difíciles del duelo. Para acompañar emocionalmente a un familiar o a una amistad de confianza lo primero que tenemos que hacer es preguntarle si podemos estar a su lado, no debemos anticiparnos a las necesidades de la persona doliente, hay que contar siempre con ella para proponerle cualquier cosa. En el caso de que nos diga que en ese momento quiere estar sola, hay que respetarlo sin juzgar esta decisión y sin que ello nos moleste. Es frecuente que el doliente quiera permanecer sola a ratos. Si nos permite estar a su lado, es el momento de preguntarle si necesita algo y, si es así, procurárselo. Por lo general, la persona doliente necesitará hablar y desahogarse o permanecer en silencio, y entonces es muy importante *escuchar con atención* y desde la serenidad, para facilitar la expresión clara de sus preocupaciones y sentimientos. De esta manera le ayudamos a aceptar la realidad de lo que está aconteciendo y a que aprenda a vivir sin la persona querida. Le damos señales de escucha con murmullos de aprobación, cuando completamos alguna de sus frases, cuando hacemos preguntas breves interesándonos por lo que necesita y, sobre todo, sin interrumpir. En los momentos de la expresión de sus emociones no es necesario hablar, sino tener un pequeño contacto físico, cogerle de la mano o del brazo y escucharle de manera exclusiva, de manera activa. Creamos así la intimidad necesaria para conseguir que la persona doliente esté más reconfortada, demostrando proximidad y solidaridad.

> *Acompañar es estar cerca, comprender y, sobre todo, respetar.*

Otra habilidad imprescindible es la expresión facial adaptada a la situación. Con ella informamos permanentemente a nuestro interlocutor de que estamos recibiendo y comprendiendo el mensaje de dolor y preocupación que nos transmite. También tenemos que dar mucha importancia al contacto ocular, mirar a los ojos significa que le estamos atendiendo e interesándonos desde la cercanía. Hay que hablarle con un tono de voz sereno, perfectamente audible, pero sin alzar la voz. Es un momento en el que necesita tranquilidad y podemos contribuir a ello simplemente hablándole despacio y recordando que hay que escuchar más y hablar menos. La utilización de estas habilidades de comunicación sencillas, pero eficaces, nos va a permitir adquirir una forma de estar con el otro, la empatía, que no es otra cosa que entender la situación emocional por la que está pasando la persona doliente y expresárselo. No es necesario estar de acuerdo con lo que dice o hace la persona a la que estamos acompañando, no hay que juzgar, simplemente comprender. «Comprendo que te sientas así…».

Acompañar al doliente en los primeros días después del fallecimiento de su ser querido es muy importante para facilitarle el bienestar físico y el desahogo emocional, pero nuestra presencia no debe terminar ahí. Vienen días difíciles, seguramente habrá que hacer distintos trámites y papeleos que tienen que ver con bancos, Seguridad Social, notario, etc., y coincide además con el momento en que el doliente echa mucho de menos al fallecido, está asimilando la pérdida. Por eso es necesario seguir acompañándole presencial y telefónicamente, para estar muy atento a sus necesidades, que nos sienta cerca.

## ESTRATEGIAS DE ADAPTACIÓN PARA LA PERSONA DOLIENTE

Tener al lado personas que nos acompañen en el proceso de duelo nos reconforta. Hay que reconocerles su valía personal y, por supuesto, agradecerles lo que están haciendo por nosotros. Pero tenemos que volver a dirigir las riendas de nuestra vida, somos los únicos responsables de adaptarnos a la vida sin la persona a la que queríamos tanto y, por eso, además de sentir tenemos que hacer cosas dirigidas a retomar una rutina, bendita rutina, para normalizar nuestra existencia. Vivir no es olvidar, simplemente es darnos la posibilidad de tener objetivos que nos vuelvan a ilusionar, poder dedicarnos a las personas que seguimos teniendo cerca y valorar los momentos que compartimos, volver a sonreír, a cuidarnos y a cuidar, en definitiva, a autorizarnos a nosotros mismos a disfrutar mucho de lo que tenemos y a mirar al futuro como otra oportunidad para estar bien.

Si tiene algo de positivo enfrentarnos a una pérdida es precisamente la oportunidad de consolidar el mensaje de que todo es fugaz, que las cosas no permanecen el tiempo que deseamos sino el que va a ser, que hay que disfrutar mucho más del momento presente y degustar las cosas e instantes sencillos que vivimos diariamente, porque todo esto se termina, y a veces, sin previo aviso. También hemos aprendido a relativizar la importancia de las situaciones que hasta ahora nos incomodaban o nos preocupaban: un atasco, una discusión por algo que no es importante... son circunstancias que, tras enfrentarnos a una pérdida, nos parecerán poco importantes.

Pongámonos objetivos realistas, conseguibles, de menos a más dificultad, en todas las áreas importantes de nuestra vida (familia, amigos, ocio, salud, trabajo) y tengamos paciencia para ir alcanzándolos poco a poco. Planifiquemos actividades dentro y fuera de casa para estar activos y sentirnos útiles. Adquirir hábitos que nos permitan hacernos sentir bien, añadir un minuto a la ducha, añadir un minuto al desayuno y conversar con los nuestros, añadir un minuto al rato de escuchar música o ver un programa que nos guste sería añadir vida a lo que hacemos. Incluso permitámonos actividades gratificantes. No estamos pasando por un buen momento emocional y personal y las exigencias tienen que ser muy adaptadas a estos momentos, pero hay que ponerse en marcha para intentar conseguir lo que nos proponemos, porque eso mejorará sin duda alguna nuestra situación vital y nuestra calidad de vida.

Aceptemos la realidad. La persona fallecida ya no está, pero lo importante es que ha estado y todo lo que nos ha aportado y enriquecido. Esa experiencia, fruto de la convivencia con ella, intentemos interiorizarla, manifestarla y utilizarla en los momentos que lo necesitemos. La realidad a veces es muy dura pero este aprendizaje obtenido interaccionando con la persona que ya no está nos ayudará a resolver muchos obstáculos del día a día y también a disfrutar en muchos momentos. En ocasiones nos asaltarán ideas como «en esta situación sé que ella haría tal cosa», «con lo que le gustaba reír, habría disfrutado mucho en esta obra de teatro», que no tenemos que recibir con tristeza, sino como enseñanza positiva.

Intentemos descansar adecuadamente, con una buena higiene de sueño, acostarnos y levantarnos a la misma hora, cenar pronto y sin atracarnos, no utilicemos aparatos electrónicos que puedan activarnos y, sobre todo, realicemos respiración abdominal profunda y relajación para facilitar el sueño natural. Si nos despertamos durante la noche y no podemos dormir, es mejor no dar vueltas en la cama: nos levantamos y realizamos alguna actividad monótona hasta que volvamos a tener sueño. No dediquemos tiempo a pensar cosas que nos afectan emocionalmente, es normal que algunos pensamientos se nos vengan a la cabeza, pero intentemos no engancharnos a ellos. Cuando viene el sueño volvemos a la cama y nos levantamos, pase lo que pase, a la hora prevista. El sueño se irá regulando poco a poco, tenemos que tener paciencia. Si descansamos mejor, físicamente estaremos mejor, sentiremos menos irritabilidad, mejorarán la atención, la concentración y la memoria. Es importante para el rendimiento laboral y para las actividades del día a día, y el estado de ánimo será un poco más estable.

Cuando nos sentimos tristes, lo que es normal en el proceso de duelo, tendemos a aislarnos, a estar solos. Esta estrategia no está mal pero no es correcto prolongar la soledad. Al contrario, tenemos que fomentar las relaciones interpersonales para hablar de nuestras cosas y de otros asuntos. Es una forma de conectar con estímulos externos para distraernos y ocuparnos de otras cosas que no sean únicamente nuestras emociones o nuestra situación en ese momento. Pasados los primeros meses tras la pérdida no es bueno hablar únicamente de lo que nos pasa, también tenemos que aportar una comunicación positiva a las personas que forman parte de nuestro círculo de amistades. No tenemos que ser «cansinos» y hablar siempre de lo mismo, tenemos que darnos la oportunidad de interesarnos por otras cosas. A los demás también les sobrevienen circunstancias, agradables a veces y difíciles en otros momentos, y tenemos que estar ahí.

Uno de los aspectos más importantes para cualquier persona es la salud, y en aquellas que han perdido a un ser querido se ve muy afectada, porque la aflicción ha invadido todos los aspectos vitales. Se duerme mal, no se come de manera adecuada, dejamos de visitar al médico para hacernos los chequeos que corresponden a cada edad. Tenemos que terminar con esta dinámica, iniciar o retomar una actividad física, no abusar del alcohol ni de los psicofármacos, volver a los hábitos saludables para recuperar el bienestar físico y psicológico, y planificar las actividades de ocio que nos hagan sentir bien.

Afrontar la vida sin la persona fallecida requiere que confiemos en nosotros mismos para tomar decisiones, resolver problemas y normalizar el día a día. Tengamos pensamientos positivos, que nos ayuden a vencer las inseguridades, no nos critiquemos ni nos juzguemos negativamente, nos daremos oportunidades de mejora y tendremos paciencia para seguir adaptándonos a las nuevas situaciones. Se trata de estar bien con nosotros mismos. No partimos de cero, aunque las circunstancias sean dolorosas, contamos con todas nuestras habilidades aprendidas durante nuestra vida para afrontar el presente y el futuro con ilusiones renovadas.

# 9

# TIPOS DE AYUDA

*Llevadera es la labor cuando muchos comparten la fatiga.*

HOMERO

El duelo es un proceso individual, cada persona lo va a sentir a su manera. La familia y los amigos intentan ayudar como pueden en esos momentos difíciles, lo que, junto con el esfuerzo y la proactividad de la persona doliente, es un apoyo suficiente para ir progresando poco a poco en un camino tan doloroso y tan esperanzador como es el duelo. La mayor parte de las personas elaboran un duelo normal, pero aun así hay quien puede necesitar expresar sus emociones en entornos donde le van a escuchar otras personas que también están pasando en ese momento por lo mismo o que ya lo vivieron, y quieren compartir la experiencia con aquellos que se incorporan al grupo de duelo. Muchas asociaciones de apoyo a las personas en proceso de duelo, repartidas por toda la geografía española, organizan grupos de dolientes para que tengan un espacio de acogida donde puedan expresar lo que sienten y sus dificultades. Facilitan que se sientan comprendidos, atendidos y acompañados, más allá de la aportación de la familia y los amigos que a veces no se perciben como suficientes o de calidad.

Por otra parte, si la persona afectada considera que pasado un tiempo no logra incorporarse a su vida cotidiana y mantiene un nivel elevado de angustia y aflicción, lo que llamamos un duelo complicado, la otra opción es acudir a un centro de psicología especializado en este trance, donde puede recibir un tratamiento psicológico individual o también formar parte de un grupo terapéutico, para adaptarse a la nueva situación tras el fallecimiento de su ser querido. Durante la enfermedad del ser querido en su fase terminal, el equipo de cuidados paliativos, tanto en el ámbito residencial-hospitalario como en la atención en el domicilio, realiza un acompañamiento emocional al enfermo y los familiares directos, que suele reconfortar en esos momentos tan difíciles para todos. Es un apoyo muy importante porque es una atención cercana. Se informa sistemáticamente sobre el estado del enfermo, aplicando tratamientos para aliviar, reducir o eliminar la sintomatología más adversa y molesta. Además, los profesionales de ese equipo se interesan por la situación emocional de los familiares, humanizando los últimos meses, semanas y días de vida del paciente.

## ASOCIACIONES Y GRUPOS DE APOYO

Las asociaciones de apoyo a los procesos de duelo, hacen una labor muy importante en las personas dolientes y sus familias, para que estas vayan elaborando su duelo de manera normalizada, creando espacios para que puedan expresar sus sentimientos y su aflicción, siendo escuchadas por personas que están pasando por las mismas circunstancias dolorosas o que ya han vivido esa experiencia y quieren compartirla. Para conseguir el objetivo de normalizar su duelo y que aprendan a vivir sin la persona fallecida, se hacen grupos guiados por personas expertas y talleres para facilitar la escucha activa sin juzgar. Esta dinámica fomenta la confianza para poder desahogarse, porque quienes están a tu lado te comprenden y te lo hacen saber. Hablar de lo que te pasa y ver que otras personas sienten lo mismo o parecido es muy reparador y hace que te sientas mejor emocional y psicológicamente.

Los grupos también ofrecen la posibilidad de acompañamiento emocional individual y en algunos casos con intervención de profesionales de la psicología para aliviar el dolor tras la pérdida y facilitar la adaptación a una vida sin el ser querido. Hay asociaciones religiosas y otras laicas que funcionan muy bien, las personas en duelo son derivadas a estas asociaciones por médicos, psicólogos, trabajadores sociales o por decisión de la persona afectada. Solo me queda agradecer a todas estas asociaciones la contribución social que hacen facilitando el bienestar de tantas personas que pasan por sus centros, y un fuerte abrazo a la Asociación Talitha de Albacete por cómo me acogieron y todo lo que me enseñaron: humanidad.

## CENTROS DE PSICOLOGÍA

Estar en un proceso de duelo no es estar enfermo, no es tener una psicopatología, reaccionamos con aflicción ante una pérdida y esto es normal y adaptativo en todas las personas. Los centros de psicología especializados en duelo cuentan con psicólogos y psicólogas que pueden ayudar a las familias dolientes a normalizar los momentos de dolor y aceptar las emociones que provoca la pérdida.

En los casos de duelo complicado en que ha pasado mucho tiempo desde el fallecimiento del ser querido, más de un año, y el doliente no termina de aceptar la pérdida, continúa con angustia, ansiedad, tristeza, sigue con reacciones emocionales intensas cuando habla del fallecido y no quiere desprenderse de los objetos que le pertenecían, consume alcohol y psicofármacos que se auto-medica, entre otros muchos síntomas, es necesario ir a una consulta, a un centro de psicología. Hay personas que a lo largo de su vida han sido diagnosticadas de ansiedad, depresión, desarreglo de personalidad, en definitiva, de algún trastorno mental, que pueden desarrollar un duelo complicado y van a necesitar tratamiento psicológico y en ocasiones, psiquiátrico.

En todo caso, es importante que las personas y familias dolientes se aseguren de que van a un centro de psicología que reúne todos los requisitos legales y que los profesionales que les atienden son psicólogos y psicólogas colegiados que cumplen con la normativa vigente para ejercer su profesión. De forma sencilla, simplemente llamando al colegio oficial de psicólogos de la comunidad autónoma donde residimos, evitamos el intrusismo y ser víctimas de tratamientos no contrastados, ni autorizados por el colectivo profesional.

## UNIDAD DE ATENCIÓN AL DUELO DEL CENTRO DE PSICOLOGÍA ÁLAVA REYES

El Centro de Psicología Álava Reyes en colaboración con la Fundación María Jesús Álava ha creado la Unidad de Atención al Duelo. Esta unidad está formada por profesionales del área clínica, tanto psicólogos especialistas en Psicología Clínica como por psicólogos generales sanitarios, algunos de ellos con treinta años de experiencia. El objetivo principal de esta unidad es acompañar a personas que han perdido a un familiar o a una amistad que querían, para ayudarles a sostener su dolor, de modo que puedan adaptarse a nuevas situaciones vitales en ausencia de la persona querida. En los casos en los que el duelo se esté cronificando o se haya complicado, ofrecemos intervenciones psicológicas adaptadas a cada persona y a cada situación.

Hacemos una entrevista clínica inicial para detectar las necesidades de la persona doliente, su estado mental y su nivel de afectación emocional en el proceso de duelo, en sus distintas variantes: anticipatorio, normal o complicado. Tras esta valoración, se decide el tipo de ayuda que va a recibir:

1. *Acompañamiento emocional a nivel individual.* Un psicólogo del equipo o una persona que ha pasado por un proceso de duelo y que ha sido entrenada para acompañar, estará junto a la persona doliente y en muchos casos con el resto de la familia, para que puedan hablar y expresar lo que sienten, con liber-

tad, sin que se sientan juzgados. Se les va a facilitar hablar del fallecido, sobre lo sucedido, sus incertidumbres, preocupaciones y temores. Se les va a escuchar y explicar que lo que sienten es normal en un proceso de duelo y van a recibir consejos adaptados a lo que vayan necesitando.

2. *Acompañamiento grupal.* Se organizan grupos de personas que están pasando por el proceso de duelo, para crear un espacio de escucha y comprensión de la aflicción y del dolor. En el grupo expresan sus emociones y testimonios ante personas que les van a comprender y a acoger, creándose un ambiente solidario y esperanzador para que todos sientan que de este proceso doloroso se sale. No se olvida, pero sí se asimila. Se reúnen un día a la semana y comprobamos con mucha satisfacción que las personas van adaptándose a la vida sin el fallecido y retoman la rutina de su vida con nuevas ilusiones.

3. *Intervención psicoterapéutica* si se detecta un duelo complicado o hay problemas psicológicos. Un psicólogo de la unidad iniciará una evaluación y una intervención psicológica en los casos en los que se hayan detectado problemas de salud mental, como consecuencia de la pérdida o ya existentes antes del fallecimiento, como la depresión, los problemas relacionados con la ansiedad, problemas en las relaciones sociales, dificultades para dormir, consumo inadecuado de psicofármacos y otras drogas o estrés postraumático, entre los más importantes. Una vez

finalizada la intervención y conseguidos los objetivos terapéuticos, se inicia un seguimiento del paciente para comprobar que lo aprendido durante las sesiones se ha consolidado y se mantiene en el tiempo.

4. *Talleres para niños y adolescentes.* Muchas familias dejan al margen de todo proceso doloroso a los niños e incluso a los adolescentes. En la Unidad de Duelo, realizamos talleres para familias dolientes y sus hijos. El objetivo es que la familia aprenda a tener una comunicación serena y clara para explicar a los niños el fallecimiento del familiar. Que sean capaces de comprender las posibles reacciones de sus hijos. Al mismo tiempo trabajamos con los niños para que puedan entender, dependiendo de la edad, el proceso de muerte y que puedan integrarlo y aceptarlo. A los adolescentes les entrenamos a expresar lo que sienten sin juzgarse, sin ocultarse y para que aprendan a relacionarse y sepan ayudar al resto de la familia en los momentos de más dolor.

El Centro de Psicología Álava Reyes también imparte conferencias, talleres y cursos eminentemente prácticos para que los profesionales intervinientes en los procesos de enfermedad, duelo y profesores que trabajan con niños enfermos aprendan a gestionar el desgaste emocional por empatía y afectación personal.

## LA MADRE DE INMA

Este es el testimonio de Inma. Cuida a su madre desde hace años: «Mi madre de noventa y siete años, ingresó en el hospital, y cuando le dieron el alta la doctora me dijo que salía "muy justita". Su insuficiencia renal y cardiaca era importante por lo que estaba muy delicada. Lo que más me preocupaba era el tema de que se hinchara de nuevo y no respirase bien. Ver a una persona que no respira bien es tremendamente angustioso. El médico de cabecera no podía dar el servicio que mi madre necesitaba en ese momento, y le solicité que vinera a verla el equipo de paliativos. Con sinceridad, puedo decir que los profesionales de paliativos que atienden a mi madre son maravillosos. Llegaron a casa, escucharon todos mis miedos con mucha atención y me transmitieron una gran tranquilidad. Ellos iban a estar conmigo en todo el proceso, vendrían regularmente a verla y se tomarían las decisiones necesarias según su estado de salud, y siempre les podía consultar cualquier cambio o empeoramiento. Son personas atentas, con un trato lleno de cariño, afecto, simpatía, apoyo, interesándose incluso por mi propio estado emocional. Paliativos es un servicio que hace una labor necesaria cuando nuestras familias están en una situación, digamos, de recta final. Es muy importante para el enfermo y para quienes le acompañamos, verle sufrir lo menos posible hasta que nos dejan. Mi experiencia con paliativos está siendo muy positiva y no tengo más que palabras de agradecimiento hacia ellos. Gracias Gloria y Cristina, del Equipo de ESAD a domicilio, por acompañarme, por estar ahí tan cerca, apoyándome hasta el final».

La guía sobre la práctica clínica de los cuidados paliativos del Ministerio de Sanidad y Consumo (2007) afirma que «los cuidados paliativos intentan dar una respuesta profesional, científica y humana a las necesidades de los enfermos en fase avanzada y terminal y de sus familiares. Sus objetivos fundamentales son: 1) Atención al dolor, otros síntomas físicos y a las necesidades emocionales, sociales y espirituales y aspectos prácticos del cuidado de enfermos y familiares. 2) Información, comunicación y apoyo emocional, asegurando al enfermo ser escuchado, participar en las decisiones, obtener respuestas claras y honestas y expresar sus emociones. 3) Asegurar la continuidad asistencial a lo largo de su evolución, estableciendo mecanismos de coordinación entre todos los niveles y recursos implicados». Se trata de conseguir el máximo de bienestar posible del enfermo y de la familia cuando la enfermedad está avanzada y no tiene cura. Los equipos de profesionales sanitarios que realizan los cuidados paliativos se caracterizan fundamentalmente porque dirigen el foco de su actuación en su vertiente más humanizada y personalizada, tanto si se atiende al paciente y a su familia en su domicilio como si se hace en el centro sanitario, estableciendo los mecanismos necesarios para garantizar la continuidad asistencial y la coordinación con otros recursos, y de acuerdo con los protocolos establecidos por el correspondiente servicio de salud. Facilitan de esta manera el control de los síntomas (dolor, ansiedad, dificultades respiratorias, depresión, insomnio, anorexia, náuseas), establecen una comunicación eficaz con el enfermo y su familia, se atiende también a la familia en todo el proceso enfermedad-muerte y dan apoyo psicoemocional. Por eso es muy importante que todos los pacientes que necesiten estos cuidados puedan tener acceso a ellos. No siempre es así, por lo que entiendo necesario que tanto el Ministerio de Sanidad y Consumo como las comunidades autónomas pongan a estos equipos en primera línea de actuación, que se les dé la importancia que merecen, la máxima visibilidad y reconocimiento. Quiero aprovechar esta ocasión para felicitar y dar las gracias al equipo de cuidados paliativos de la Ciudad Autónoma de Melilla por todo lo que me enseñaron.

## FAMILIA DIRECTA

Se dice, con toda razón, que cuando alguien enferma o muere, en la familia se provocan cambios en muchos aspectos que van a exigir a cada uno de los miembros un periodo de adaptación hasta que vuelva de nuevo el equilibrio perdido. Cada uno de ellos va a vivir su propio duelo y lo va a manifestar a su manera, por lo que la primera forma de ayudar dentro de la familia directa es tener paciencia, no juzgar y *respetar* al resto de los familiares, estar a su lado cuando lo necesiten. Intentaremos ayudar pero contando con el permiso del familiar al que nos dirigimos, estaremos pendientes para resolver los aspectos que se vayan necesitando en el seno familiar, respetaremos su dolor, cómo lo expresa y el ritmo que adopta para volver a una rutina sin el fallecido. Una familia afectiva y unida puede proporcionar a sus miembros un acompañamiento emocional muy eficaz, dando soporte al dolor de cada uno, con seguridad y estabilidad. Mediante la comunicación y la comprensión, entre todos facilitaremos la asimilación de la pérdida, aceptando lo que ha ocurrido, reconociendo nuestras emociones y las de los demás para que, con el paso del tiempo, podamos adaptarnos a las nuevas situaciones. Abordaremos desde la serenidad los primeros aniversarios del fallecido, será una buena oportunidad para estar juntos.

Por distintas causas, a veces muy enquistadas, también hay familias con muchos desencuentros, dificultades en la relación entre los parientes. El fallecimiento de uno de sus miembros puede agravar más los problemas. También puede unirlos, pero mi experiencia me lleva a pensar que suele ser una situación que facilita más discusiones. Cuando hay que cuidar a la persona enferma, a los abuelos, no todos se han implicado de la misma manera. La soledad que siente la persona que cuida y lo poco que reconocen su labor suele ser una fuente de conflictos. Cuando entran en la familia, los novios, cuñados, sobrinos, pueden poner en riesgo la estabilidad familiar si por cualquier circunstancia alguno no termina de relacionarse con respeto a los demás. Hay hermanos que dejan de hablarse por una discusión con sus parejas, por un mal gesto con los padres, por muchas circunstancias. Y por supuesto, no podemos olvidarnos del momento de la herencia: sabemos que es uno de los asuntos que generan mayores problemas en las familias, por aquello del agravio comparativo y la percepción de justicia y equidad que cada uno tenga. En el caso de las familias desestructuradas, como he descrito, cada uno vivirá su duelo a su manera, pero ante las dificultades de relación entre sus miembros, a más de uno le vendría muy bien recibir tratamiento psicológico para no seguir «dejando heridos» por el camino.

## AMIGOS, COMO «FAMILIA» ELEGIDA

La amistad la entendemos como un afecto personal, puro y desinteresado, compartido con otra persona, que nace y se fortalece con el trato. Contar con una buena amistad, con la que ya se han compartido buenos y malos momentos, hay empatía, sinceridad y confianza, es uno de los recursos más importantes para que la persona doliente se sienta acompañada en el proceso de duelo, no solamente durante los primeros días, sino a lo largo del tiempo. El amigo, amiga o grupo de amigos ya te han demostrado a lo largo de los años, que saben escucharte, que te comprenden, que respetan lo que sientes y se implican en lo que les pides. Y ya sabemos que estas son habilidades imprescindibles para hacer un acompañamiento emocional ante una pérdida.

Si hay una situación en la que se produce una selección natural de amigos o amigas es en los momentos difíciles, dolorosos, como es un proceso de duelo. La persona amiga estará ahí, con la disponibilidad de tiempo que en cada momento pueda, a veces de manera presencial y otras veces por contacto telefónico o de otro tipo. En las «juergas» es muy fácil estar y compartir, pero ante la aflicción de una amistad no siempre se está tan dispuesto a acompañar porque no queremos escuchar tristezas, pensamos que bastante tenemos con nuestras cosas, preocupaciones y problemas como para añadir más dificultades de las que tenemos. Aquí no hay excusas, hay que estar en los momentos importantes para acompañar o para que nos acompañen. El postureo es incompatible con la amistad, estar para que te vean es incompatible con la amistad, presionar al doliente para que cuanto antes esté alegre es incompatible con la amistad. «Siempre estás igual, ya ha pasado mucho tiempo y tienes que ponerte las pilas»: este tipo de verbalizaciones no es signo de amistad. Muy al contrario, el amigo va a abrazarte, te va a hacer sentir que está cerca, contigo, a tu lado para escuchar, para llorar, para reír, para lo que haga falta. Los familiares pueden estar cerca porque eso está en el «guion», es lo esperable, pero el amigo elige estar cuando no tiene obligación y esa solidaridad y comprensión hace que el doliente esté mucho más confortado, desde una relación de verdad, que respeta su libertad como persona. Considero que el proceso de duelo es un encuentro entre personas, y los amigos tienen que facilitar que sea un encuentro útil y satisfactorio, aunque se desarrolle en un escenario de dolor.

## SEGUROS DE DECESOS Y EMPRESAS FUNERARIAS

El lector se preguntará por qué he incluido un punto dedicado a los seguros de decesos y empresas funerarias en el capítulo que versa sobre el tipo de ayudas con que cuenta la familia doliente en los momentos más difíciles de la despedida de su ser querido. Lo he incluido porque considero que, más allá del negocio que se genera en torno a la muerte, que sin duda alguna es así, reconozco que el trabajo bien realizado por parte de cada uno de los profesionales de estas empresas, que tienen contacto con la familia del fallecido, influye de manera directa en el ánimo, ya quebrado, de las personas dolientes. El profesional que se traslada al domicilio o el hospital, en los momentos inmediatos al fallecimiento, está formado en estrategias de comunicación para tener un trato cercano y delicado con la familia, proponiéndole en todo momento las distintas alternativas para hacer más llevadero el proceso del sepelio, para que no falte nada y todo esté conforme a los deseos de la familia. En el contexto del tanatorio el personal está pendiente de que todo sea correcto y, posteriormente, en el acto del entierro o la incineración, se cumpla el rito de la mejor manera posible. Cuando todo esto se hace bien, la familia lo agradece y reconoce que los detalles son importantes, desde los momentos inmediatos al fallecimiento, con el traslado del cadáver, siendo muy respetuosos con cada movimiento del familiar fallecido. Tienen que preparar el cuerpo para exponerlo en el tanatorio, atendiendo a los familiares por si quieren introducir algún objeto en el féretro; deben preocuparse por el bienestar durante la estancia en el tanatorio y luego durante el entierro. La familia, aunque rota de dolor, se da cuenta de que su familiar ha sido tratado con delicadeza y respeto. Además, ofrecen la posibilidad de que los familiares dolientes puedan recibir ayuda psicológica y asesoramiento en acompañamiento emocional durante el duelo. En mi opinión, hay que valorar y reconocer la importancia de la profesionalidad del personal de estas empresas.

Mi experiencia personal y profesional interaccionando con los profesionales de Funespaña, el primer grupo español independiente de servicios funerarios, me hace reafirmarme más en el reconocimiento y gratitud por lo que hacen todos los días estando en contacto con personas con un dolor intenso, facilitando desde su actuación profesional que todo se desarrolle como la familia ha decidido. Gracias por todo lo que me habéis aportado en el conocimiento del duelo.

# 10

# TESTAMENTO VITAL.
# VOLUNTADES ANTICIPADAS.
# INSTRUCCIONES PREVIAS

El Registro Nacional de Instrucciones Previas, dependiente del Ministerio de Sanidad, Servicios Sociales e Igualdad, nos dice textualmente:

> La Ley 41/2002, de 14 de noviembre, básica reguladora de la autonomía del paciente y de derechos y obligaciones en materia de información y documentación clínica, regula en su artículo 11 el documento de instrucciones previas al que define como aquel mediante el cual una persona mayor de edad, capaz y libre, manifiesta anticipadamente su voluntad, para que esta se cumpla en el momento en que llegue a situaciones en cuyas circunstancias no sea capaz de expresarlo personalmente, sobre los cuidados y el tratamiento de su salud o, una vez llegado el fallecimiento, sobre el destino de su cuerpo o de sus órganos.
>
> La efectividad de este derecho del paciente exige que el documento de instrucciones previas, independientemente del

lugar en el que haya sido formalizado, pueda ser conocido precisa y oportunamente por los profesionales de la salud a los que, en su momento, corresponda la responsabilidad de la asistencia sanitaria que deba prestársele. Por esta razón, el mencionado artículo 11 de la Ley 41/2002, de 14 de noviembre, en su apartado 5, dispone que, para asegurar la eficacia en todo el territorio nacional de las instrucciones previas manifestadas por los pacientes y formalizadas de acuerdo con lo dispuesto en la legislación de las respectivas comunidades autónomas, se creará en el Ministerio de Sanidad y Consumo el Registro Nacional de Instrucciones Previas.

El documento de instrucciones previas constituye, pues, la expresión del respeto a la autonomía de las personas que, de este modo, pueden decidir sobre aquellos cuidados y tratamientos que desean recibir o no en el futuro si se encuentran ante una determinada circunstancia o, una vez llegado el fallecimiento, sobre el destino de su cuerpo o de sus órganos. No solo permite al paciente influir en las futuras decisiones asistenciales, sino que facilita a los profesionales de la salud la toma de decisiones respetuosas con la voluntad del enfermo cuando este no tiene ya capacidad para decidir por sí mismo.

El Real Decreto 124/2007, de 2 de febrero, por el que se regula el Registro Nacional de Instrucciones Previas (RNIP) y el correspondiente fichero automatizado de datos de carácter personal recoge, la creación del Registro, su adscripción al Ministerio de Sanidad y Consumo (hoy Ministerio de Sanidad, Servicios Sociales e Igualdad), su objeto y finalidad, el procedimiento registral y de acceso y el mandato de creación del correspondiente fichero automatizado. Este fichero fue regulado mediante la Orden SCO/2823/2007, de 14 de septiembre.

Los requisitos más importantes para poder hacer este documento son: ser mayor de edad, no haber sido incapacitado judicialmente y manifestar libremente la correspondiente declaración de voluntad. En general y teniendo en cuenta que puede haber alguna modificación en cada una de las comunidades autónomas, hay tres formas de realizar este documento de voluntades anticipadas, ante notario, ante el personal de la consejería de salud de la comunidad autónoma y ante tres testigos mayores de edad y con plena capacidad de obrar. Posteriormente a la elaboración del documento, hay que inscribirse en el registro de instrucciones previas. En cada consejería de sanidad de cada comunidad autónoma se pueden recoger los modelos de voluntades anticipadas. El contenido hace referencia a los cuidados, el tratamiento de la salud, intervenciones médicas que se desean o no recibir, el destino de su cuerpo y sus órganos, ser o no informados del diagnóstico, estar o no acompañados en la intimidad cuando se esté cercano a la muerte, entre otras consideraciones que pueda explicar la persona que realiza este testamento vital. Hay que añadir que el contenido de este documento no puede ser contrario al ordenamiento jurídico vigente ni a la *lex artis* («Comporta no solo el cumplimiento formal y protocolario de las técnicas previstas, aceptadas generalmente por la ciencia médica y adecuadas a una buena praxis, sino la aplicación de tales técnicas con el cuidado y precisión exigible de acuerdo con las circunstancias y los riesgos inherentes a cada intervención según su naturaleza». Sentencia de Tribunal Supremo de 23 de mayo de 2006).

A lo largo de nuestra vida hemos tomado miles de decisiones; en realidad no hacemos otra cosa que tomar decisiones, con distintos niveles de importancia por las consecuencias derivadas de cada una de ellas, pero las hemos tomado en todas las circunstancias vividas y espero que lo sigamos haciendo. Decidir sobre los cuidados y tratamientos que deseas recibir o no en el futuro, si te encuentras ante una enfermedad incurable avanzada, una enfermedad terminal o en una situación de agonía en la que por las razones que sean ya no puedes expresar tus deseos o decisiones, es en mi opinión una de las decisiones más importantes que tenemos que abordar. Por los datos del Registro Nacional de Instrucciones Previas, el porcentaje de personas que realiza el testamento vital es muy reducido en este momento, es decir, la mayoría de las personas no se lo plantean.

No recuerdo quién, pero alguien dijo que «lo peor de la muerte es que dejas el muerto al otro» y esto es lo que hacemos si no dejamos claro, y por escrito, cómo queremos ser tratados en los momentos finales de nuestra vida y, al fallecer, qué deseo que hagan con mi cuerpo o mis órganos. Cuando hacemos el documento de instrucciones previas, voluntades anticipadas o testamento vital, que son las diferentes maneras de llamarlo, estamos reduciendo la responsabilidad y la ansiedad de nuestros familiares y amigos al tener que decidir por nosotros en momentos difíciles. También se facilita a los profesionales sanitarios la toma de decisiones y la seguridad ética y jurídica en su actuación profesional. Desde estas líneas animo al lector a que reflexione sobre el testamento vital, que se informe en su comunidad autónoma y que decida libremente si quiere o no hacerlo. Mi opinión es favorable a la elaboración de dicho documento para facilitar las cosas a uno mismo y a los demás.

# 11

# ADAPTACIÓN AL CAMBIO.
# PERMITIRTE ESTAR BIEN

*Si no nos mantenemos abiertos al cambio,*
*no nos mantenemos abiertos a la vida.*

RAM DASS

El proceso de duelo es un camino hacia la aceptación de la pérdida y sobre todo hacia la adaptación a una vida sin la persona fallecida, a una nueva vida. Dicho de otra manera, hacia otra oportunidad vital que te concedes. Aunque sigan viniendo oleadas emocionales de dolor y tristeza, de echar de menos, los momentos de más aflicción quedaron atrás y solo tienes el presente para empezar a disfrutarlo y a ilusionarte por un futuro que vas a construir. Tienes que darte tu tiempo, ir a tu ritmo, déjate acompañar, establece tus rutinas y hábitos saludables y, sobre todo, empieza a hacer cosas que te gustan y te hacen sentir bien. Es el momento de sentirte de manera distinta, de que sucedan cosas diferentes a las que han venido aconteciendo hasta ahora. Utiliza tus habilidades, producto de experiencias previas, para hacer que las cosas importantes ocurran. Debes confiar en tus recursos personales, profesionales y familiares para abordar lo que vaya llegando, para decidir cómo quieres vivir con lo que tienes y con las personas que están junto a ti.

La gestión del cambio es el proceso estrella durante el duelo. No debe darte ningún temor enfrentarte a las situaciones nuevas, es lo que has hecho a lo largo de tu vida, adaptarte a los cambios. Cuando naces te adaptas a unas condiciones distintas a las que tienes dentro del seno materno y a partir de ahí vienen todos los pequeños y grandes cambios, que son los aprendizajes, el desarrollo de tu estilo personal, los cambios físicos, las relaciones con la familia, amigos, profesores, compañeros, pareja, hijos, jefes. Aprendes a convivir con tus pensamientos y emociones, te adaptas a todo y vas saliendo adelante con más o menos dificultades, pero sales. Las personas que tienen resistencia a los cambios o las que no se adaptan son las que tienen más problemas, algunos tan importantes como las adicciones, los desarreglos afectivos como la depresión, los trastornos de ansiedad como las fobias, las obsesiones-compulsiones, el estrés, trastornos de adaptación, problemas de sueño, de personalidad, las ludopatías... problemas psicológicos en los que intervenimos los psicólogos y psicólogas todos los días.

Decía Charles Darwin que «no es la especie más fuerte la que sobrevive, ni la más inteligente, sino la que responde mejor al cambio». Pues eso, tenemos dos opciones muy claras, o nos adaptamos a la situación en la que estamos, o vamos a sufrir de manera excesiva, inútilmente. Es hora de ponernos en marcha y obviamente, decidir adaptarnos. No estamos condenados a estar mal, los acontecimientos difíciles y negativos vienen solos, ya hemos tenido la experiencia del fallecimiento de nuestro ser querido, pero las cosas buenas hay que provocarlas para que sucedan. La tristeza y la pena que hemos sentido y que sentiremos de vez en cuando ya han cumplido su función, que no es otra que demandar ayuda, cercanía y acompañamiento de las personas próximas, para desahogarnos y reconfortarnos. Estas emociones no van a limitarnos a la hora de planificar objetivos ilusionantes, que vuelvan a motivarnos a salir, a relacionarnos, a reír, simplemente a vivir. Y este es el momento, tú decides.

## SENTIRTE MEJOR NO ES OLVIDAR

> *Seguir viviendo y recordar son dos procesos que se van a cruzar muchas veces a lo largo del tiempo.*

Cada uno de nosotros percibimos y sentimos las situaciones de manera distinta, por lo que no tiene sentido compararnos con nadie y mucho menos dar explicaciones de lo que tenemos que hacer con nuestras vidas. Pasado un tiempo después del fallecimiento de la persona querida, no sabemos cuánto, no sabemos cuándo será, la ilusión se irá adhiriendo a los quehaceres cotidianos, a nuestras responsabilidades, a la forma de relacionarnos, de tal manera que empezaremos a encontrarnos más estables anímicamente. La ilusión no está en ninguna parte, tenemos que inventarla todos y cada uno de los días cuando nos despertamos. La pregunta más importante que nos debemos plantear al empezar el día es: ¿qué es lo que tengo que hacer para sentirme bien y facilitar que las personas de mi entorno también lo estén? La respuesta a esta pregunta tiene que hacer referencia al momento presente, es lo único que podemos controlar. Lo que vamos a realizar en este instante, sabiendo que la consecuencia va a ser gratificante, depende únicamente de nosotros.

Traición, según la Real Academia Española, es una «falta que se comete quebrantando la fidelidad o lealtad que se debe guardar o tener». Rehacer nuestra vida es compatible con recordar a la persona que ya no está con nosotros. Seguir viviendo y recordar son dos procesos que se van a cruzar muchas veces a lo largo del tiempo. Nunca es un problema recordar y sentir en determinados momentos, a veces de manera espontánea y en otras ocasiones por aniversarios. Mientras tanto, vamos construyendo un estilo de vida sin esta persona. ¿Quebrantamos la fidelidad y lealtad a una persona que ya no está? Cuando volvamos a pasar buenos ratos, no estaremos traicionando, cuando nos sintamos bien, no estaremos traicionando, cuando volvamos a enamorarnos, no estaremos traicionando, cuando nos motivemos por las cosas, no estaremos traicionando, cuando intentemos volver a ser felices, no estaremos traicionando, estaremos viviendo.

¿No hemos llorado bastante? ¿No es suficiente con recordar? Posiblemente no suenen bien estas palabras para algunos lectores, pero tenemos que tener en cuenta que ya tuvimos la oportunidad de convivir con la persona fallecida y seguro que lo aprovechamos bien. Esto es lo importante, pero ahora tenemos que abrir las persianas y las cortinas simbólicamente para que entre la luz, salir a respirar, a sentir otras cosas, también recordar pero mirando a lo que tenemos alrededor. No vives en la casa de Bernarda Alba, reír no es olvidar, estar con las personas con las que estamos a gusto no es olvidar, hacer cosas que nos gustan no es olvidar, cuidar de los nuestros con alegría no es olvidar, sentirme realizado en el trabajo, por supuesto que no es olvidar. Vivir es vivir, no es recorrer un valle de lágrimas, ya hemos llorado bastante y en su momento. Démonos la oportunidad ilusionante de seguir creciendo como personas, en todos nuestros roles, sin límites, sin presiones familiares ni sociales.

## EL CAMBIO

*El cambio es la única cosa inmutable.*

ARTHUR SCHOPENHAUER

El duelo es un tiempo para cambiar. Se inicia en el dolor intenso, en la aflicción sin consuelo, y termina con la adaptación a la vida sin la persona que querías. En el proceso de cambio, las personas dolientes tienen que modificar algunas costumbres y hábitos relacionados con la persona fallecida. «He pedido la jornada reducida para ocuparme de mis hijos, antes trabajaba la jornada completa y con posibilidad de desarrollarme profesionalmente, ahora ya no es posible. Los ingresos se han reducido de manera importante y nuestra calidad y ritmo de vida se ha resentido. He cambiado a mis hijos de colegio, ya no podía pagar donde estaban. Me planteo cambiarme de casa para estar más cerca de mis padres. He tenido que aprender a conducir, no tenía carnet. Me acuerdo de Miguel todos los días y le echo de menos en muchas ocasiones, pero no me queda otra opción que continuar luchando». Esta breve descripción sobre su situación, la hacía María Ángeles, que se quedó viuda a los treinta y ocho años. Ha cambiado muchas cosas para adaptarse a la vida sin él. Se trata entonces de aprender y consolidar comportamientos distintos a los que teníamos cuando vivía nuestro ser querido y comprobar que están funcionando para retomar el día a día, que vamos llegando a casi todo lo que tenemos previsto; y si no lo conseguimos, no pasa nada, simplemente quedará pendiente para otro momento, sin exigirnos cosas desmedidas. Solo las realistas.

## RESISTENCIAS. ACTITUD ANTE EL CAMBIO

La mayor parte de las personas vivimos organizadas en torno a rutinas, sí, eso que detestan tanto algunas personas pero que en realidad nos ayuda a transitar por la vida de manera cómoda. Puede que sea aburrida para otros, pero por lo general es el camino que hemos decidido seguir cotidianamente y depende de cada uno que resulte más o menos estimulante. Cuando por la razón que sea se produce algún cambio, por ejemplo, una inclemencia del tiempo, «una copiosa nevada», ello nos genera intranquilidad porque se abren unos instantes de incertidumbre. «¿Cómo podré trasladarme al trabajo y cuánto tardaré por los atascos?». Las dudas nos van a acompañar hasta que hagamos cosas que nos permitan adaptarnos y equilibrar de nuevo esa balanza entre lo que se nos demanda y lo que somos capaces de aportar. «Me levantaré antes aunque no me apetezca e intentaré ir al trabajo en trasporte público». La rutina, que no valoramos en su justa medida, nos genera seguridad, gracias a ella podemos con el día y con lo que nos depara; como suele decirse, estamos en nuestra zona de confort. Algunos cambios pasan desapercibidos porque nos adaptamos rápido y sin esfuerzo, pero hay otros, como es un fallecimiento, que nos van a romper ese equilibrio. La rutina que nos daba mucha seguridad se trastoca, se va a desencadenar una multitud de cambios y notamos ansiedad, ya no los controlamos con poco esfuerzo, sino que nos desbordan y nos angustian. Contamos con nuestras habilidades para enfrentarnos a las nuevas demandas de la situación, pero la aflicción puede llegar a bloquearlas en algún momento en el inicio del duelo. Nos cuesta aceptar la pérdida y a todo esto se añade la tendencia de la mayoría de las personas a evitar los cambios. El dolor por el fallecimiento nos rompe, y la resistencia a los cambios nos va a provocar un duelo complicado.

Lucas me decía llorando en la primera consulta, trece meses después del fallecimiento de su mujer en un accidente de tráfico: «No soy capaz de sobreponerme anímicamente, para mí la vida se paró en ese instante, desde entonces me limito a trabajar hasta las tres en la junta municipal. Soy administrativo, como con mis padres y me voy a casa, a veces veo documentales y no hago nada más, sobre las nueve ceno lo que sea y me voy a la cama. No quiero salir con los pocos amigos que me quedan ni estoy dispuesto a realizar actividades fuera de casa, lo único que hago con agrado es estar con mis padres y un hermano, todo lo demás no me interesa». Descarté el diagnóstico de la depresión y trabajé con él la activación conductual. Su hermano nos ayudó a romper la resistencia a hacer cambios progresivos en su vida.

La actitud ante el cambio que supone un proceso de duelo debe ser proactiva, a pesar de lo que sentimos, tenemos que hacer que las cosas importantes ocurran, para conseguir los nuevos objetivos. De esta manera nos daremos a nosotros mismos la suficiente seguridad para tomar decisiones y obtener los éxitos que esperamos a todos los niveles, laborales, personales, familiares y sociales. Una actitud pasiva o resistente nos lleva a lo contrario, a prolongar nuestras emociones cuando ya no está justificado, a tener problemas y a la cronificación de los estados de ánimo más limitantes. No nos preguntemos por qué nos ha pasado esto, la pregunta adecuada es qué puedo hacer para que las cosas funcionen y cómo puedo ser facilitador para que los demás así lo sientan. Lo más importante es contestar a esta pregunta y aplicar las respuestas a nuestra vida cotidiana: trabajemos a favor del cambio.

# 12

# HOMENAJE A LA VIDA

*Cuando te sientas dolorido, mira de nuevo en tu corazón*
*y deberías ver que estás llorando por lo que ha sido tu gran disfrute.*

KAHLIL GIBRAN

He querido finalizar este libro sobre el proceso de duelo con un pequeño capítulo para hablar de la vida. Las personas dolientes van a continuar con sus vidas con más o menos dificultades, dependiendo fundamentalmente de su actitud ante el proceso de cambio y de los apoyos con los que cuenten. En este instante, si el lector está atravesando un mal momento porque ha tenido una pérdida familiar o de amistad, es muy probable que se sienta querido por las personas cercanas, por él mismo, por su mascota y si es creyente por su dios. Sentirse querido es una gran experiencia que puede ser más o menos duradera y que tenemos que degustar, con sus distintas intensidades. Seamos entonces conscientes de estos momentos y valorémoslos. Más allá del afecto mutuo que le unía a quien falleció, ahora puede seguir queriendo a su manera a otras personas. No hay que esperar para manifestar ese cariño, puesto que es otra de las grandes experiencias que puede sentir y vivir la persona doliente en particular y el ser humano en general. Y puede expresarse; es sencillo decir «te quiero» o «te agradezco que estés junto a mí», pero además de verbalizarlo es posible manifestarlo cuando abrazas, acaricias y besas a las personas que están junto a ti. Es muy fácil, está a tu alcance en este momento. ¡Hazlo!

Afortunadamente sigues viviendo, sabes lo que es sufrir por una pérdida, por eso es importante que hagas cosas por los demás, por aquellos que también lo están pasando mal. Mira a tu alrededor para ver en qué actividades puedes participar, dedicando un tiempo a un voluntariado o acompañando emocionalmente a personas dolientes en alguna asociación. Los demás merecen tu atención igual que a ti te han atendido muchas veces a lo largo de tu vida. No te limites a dejar que los días vayan pasando, añade ilusión y solidaridad a la existencia. Depende de ti, ponte en marcha.

Intenta invertir tiempo en los que quieres, que están ahí, que siguen vivos y aléjate de las personas tóxicas que solo te aportan malestar y negatividad. Comparte actividades que te hagan sentir bien junto a otros. Permítete sonreír y ser feliz de nuevo: tras la adversidad siempre viene una oportunidad, la más importante es la que te autoriza a que te quieras, que te centres en lo importante de ti mismo, que te escuches y reflexiones, que convivas con el silencio de manera serena y dulce. No le des la espalda a ninguna oportunidad, aprovéchalas. No demores el intento de ser feliz junto a las personas que te quieren y a las que quieres. Valora todos los días las cosas que tienes y comunica tu gratitud por vivir a aquellas personas que merecen la pena.

## EL RECUERDO, EL GRAN MOTOR PARA ABORDAR EL PRESENTE Y EL FUTURO CON ESPERANZA

Recordar tiene que servirnos para aprender de las experiencias pasadas y de esta manera intentar no volver a cometer los mismos errores. Al recordar cosas concretas sobre la persona que nos dejó podemos sentirnos alegres o tristes, dependiendo del recuerdo o de la imagen que se nos haya venido de manera repentina y espontánea a la cabeza. Eso es normal y no hay que hacer nada, simplemente sentir. Cuando provocamos los recuerdos, podemos elegir los más útiles, entrañables y que nos hagan pasar buenos momentos. No quiero decir que anulemos aquellos que nos generan tristeza e incluso ansiedad, sino que asociemos a la persona que queríamos a momentos agradables.

«Me acuerdo de sus quejas de dolor estando en el hospital y de la sensación de impotencia que tenía». «Se me viene la imagen de mi hermana dentro del féretro en el tanatorio». Recuerdos de este tipo nos provocan emociones como tristeza y lloros, inquietud y angustia. Es bueno expresarlos: los sentimos y ya está. Pero seguro que tenemos muchas imágenes y recuerdos de nuestra vida conjunta que nos aportan una sonrisa, una enseñanza y que podemos provocar para comentarlos, compartirlos. Seguro que nos sentiremos bien. Es una cuestión de elegir lo que decidamos recordar y cómo queremos sentirnos.

Siempre recordamos en el momento presente, por lo que tenemos que intentar centrar nuestra atención en lo que acontece en este momento. El recuerdo nos provoca emociones y las vivimos en el aquí y el ahora. En ningún caso tiene que limitar lo que estemos haciendo en cada uno de los momentos. Confía en tus recursos para abordar lo que está ocurriendo en este momento presente. Tendrás en cuenta o no el aprendizaje que te aportan las experiencias pasadas para tomar decisiones, pero recordar el pasado no debe afectarte negativamente en el momento presente, solo es un recuerdo que llega ahora y nada más. Recordar las cosas, no es revivir las cosas, solo es pensar sobre el pasado, solo es pensar cómo sucedieron.

Cuando nos centramos en el presente, nos damos una oportunidad de observar qué nos demanda ese momento, esa situación, y de comprobar que tenemos habilidades para dar la respuesta que entendemos como correcta. Aunque podamos equivocarnos es la que damos en ese momento, todo lo demás no existe: ni el pasado ni el futuro, solo estamos en este momento y por eso hay que intentar disfrutarlo, porque pasa rápido y enseguida ya es otro recuerdo. Con toda nuestra experiencia vivida y con nuestros recuerdos, nos disponemos a planificar o a pensar en el futuro. Si planificamos, que sean cosas que nos ilusionen y que nos motiven. He comentado que el futuro solo existe en nuestra cabeza, que no es real, pero podemos elegir pensar en él de manera que no nos provoque ansiedad por la incertidumbre, sino ilusión por lo que nos gustaría hacer. Pensar en un viaje no es estar en el viaje, pero solo el planificarlo nos hace sentir bien en este momento, en el momento en que lo estamos pensando y planeando. Pensar en que vamos a tener un futuro difícil sin la persona fallecida nos hace sentirnos mal en el momento que lo estamos pensando, que es ahora, pero es alto probable que no acertemos con nuestra bola de cristal, y ya que planificamos, ¿por qué no intentamos verlo con esperanza? En el momento presente podemos tener una actitud proactiva para trabajar en la dirección de que las cosas que están en nuestras manos, se cumplan. Ya que pensamos y todo está en este momento en nuestra cabeza, trabajemos para que lo que consideramos importante ocurra, para que nos pongamos en marcha y no se quede solo en un planteamiento en el aire, solo en nuestro pensamiento.

## ATENCIÓN DIRIGIDA HACIA LOS BUENOS MOMENTOS VIVIDOS

*Eres más consciente que antes de lo que es importante*
*y lo que es trivial.*
*Tu ser querido vivió, pero tú todavía estás vivo.*
*¡Vale la pena esperar al futuro!*

HENRY DAVID THOREAU

Es el momento de homenajear una vez más a tu ser querido, desde la alegría de haber compartido instantes maravillosos, de que haya merecido la pena haberos encontrado en vuestras vidas durante un tiempo, de haberos enriquecido con las cosas de cada uno. El sentimiento clave en este instante, mientras estás recordando a esta persona maravillosa, es el agradecimiento. Ahora quiero que hagas lo siguiente: intenta cerrar un momento los ojos, respira lenta y profundamente tres veces y dirige tu atención hacia los momentos más importantes que pasaste a su lado, siente gratitud por estos momentos. Ahora intenta centrarte en lo que te aportó, alegría, vitalidad, admiración, amor... siente gratitud por todo lo que recibiste de esta persona a la que querías. Quédate un rato en silencio y piensa que todo lo que has vivido y que lo que te aportó lo tienes incorporado en tu persona, en tu forma de pensar y de sentir y en tus comportamientos, además de estar en tus recuerdos. Puedes abrir los ojos y sentir que eres una persona privilegiada por tener lo que tienes.

# Conclusiones

*La muerte está tan segura de ganar
que nos da toda una vida de ventaja.*

FRANCISCO DE QUEVEDO

Vivimos de espaldas a la muerte hasta que nos toca de lleno y nos cambia la vida a los que tenemos una relación directa, cercana y afectiva con la persona fallecida. Es curioso que sabiendo que esto puede ocurrir, el fallecimiento de tu familiar o amigo, y seguro que tu propia muerte, no seamos capaces de disfrutar de lo que tenemos, de lo que hacemos y, sobre todo, de aquel con quien estamos en el día a día. Los generales romanos, cuando obtenían un triunfo significativo en batalla, regresaban a Roma con su ejército y hacían un recorrido triunfal sobre una cuadriga, acompañados de un esclavo que sostenía los laureles de la victoria sobre su cabeza y les iba diciendo repetidas veces «mira atrás y recuerda que solo eres un hombre». Nosotros mismos deberíamos decirnos con relativa frecuencia: «Valora lo que tienes, quiere a tu gente y déjate querer por ellos, y todo eso tiene que ocurrir en el momento presente, no esperes, hazlo ahora. Recuerda que en un instante te cambia la vida, un diagnóstico sobre tu salud o la de un familiar, te cambia las prioridades. Todo lo que hasta ahora era muy importante, ante esta situación novedosa y difícil carece de importancia. Ya no es fundamental el informe que te pedía tu jefa, discutir por cosas absurdas, tener lucha de egos, la incomunicación, el no tener tiempo para no sé qué, ahora lo relevante es luchar contra una enfermedad severa o el fallecimiento de una persona a la que quieres mucho».

En mi opinión deberíamos trabajar con los niños el concepto de muerte, la idea de que las cosas tienen su principio y su final, que todo termina, que las cosas son fugaces y por eso es importante aprender a degustar lo que se tiene. Entrenarlos en la expresión de las emociones, en la tolerancia a la frustración, en no sentirse culpables sin motivo, relacionarse, desarrollar empatía y comprensión, tomar decisiones y resolver problemas, convivir con la incertidumbre y con la discrepancia, querer... de esta manera estaríamos mejor preparados para la vida y para afrontar la muerte con naturalidad.

No estamos predeterminados a encontrarnos mal, podemos decidir cómo vamos a estar emocionalmente ante situaciones difíciles. Es muy doloroso perder a una persona a la que queremos mucho, pero no podemos añadir sufrimiento a nuestro dolor, eso solo hará que estemos peor durante mucho tiempo. Lo que más afecta a nuestro estado de ánimo es lo que pensamos sobre lo que está ocurriendo, cómo percibimos las cosas. Podemos cambiar la conversación que tenemos con nosotros mismos y aceptar el dolor sin más.

El duelo es un proceso adaptativo, no es una enfermedad. Es posible que tengas reacciones emocionales como una intensa tristeza, ira, ganas de llorar, irritabilidad, ansiedad, dolores varios, cansancio y abatimiento. Te recuerdo que son reacciones normales ante una circunstancia muy adversa y dolorosa. No sabemos cuánto tiempo tiene que durar el proceso de duelo, pero lo importante es lo que decidas hacer durante ese tiempo. Todo lo que vas a sentir es único, intransferible, estrictamente personal. No tienes que compararlo con lo que sienten otros familiares, con lo que te puedan decir, con lo que esté escrito en los manuales sobre duelo; lo más importante es que aceptes el dolor para adaptarte poco a poco a una vida sin la persona querida.

En ocasiones a la muerte se la espera. Cuando estamos en un proceso de enfermedad en su fase terminal, tanto la persona enferma, en el caso de que haya decidido tener toda la información sobre su situación vital, como los familiares y amigos íntimos están en un proceso doloroso, pero tienen una oportunidad para despedirse en vida. Estos actos de despedida suelen reconfortar a todos, pero no nos engañemos, por mucho que nos hayamos hecho a la idea de que esta persona maravillosa va a morir, cuando llega el momento el dolor es muy intenso.

Cuando la muerte viene sin avisar, cuando todo ocurre de manera repentina, nos provoca un gran impacto emocional, físico y psicológico. Es difícil dar respuestas rápidas y eficaces para adaptarnos a esa terrible situación. Las reacciones suelen ser de *shock*, extrañeza, de macabra sorpresa, sentimiento de culpabilidad, posiblemente enfado, entre otras muchas. No existen palabras en el diccionario para describir lo que se siente, pero sí sabemos que es importante aceptar las emociones que sobrevienen ante la pérdida e iniciar un duelo que nos llevará a normalizar nuestra vida.

En ambas situaciones, tanto si la muerte es esperada como si no, vas a necesitar poner en marcha todas tus habilidades para ir asumiendo este proceso de duelo. Es fundamental reconocer que tus emociones son normales, aunque lo que sientas sea muy intenso. Expresa las emociones a tus interlocutores más receptivos, familiares y amigos, déjate acompañar en los momentos más difíciles. Acepta el dolor, convive con él, y mientras intenta ponerte objetivos realistas e ilusionantes en todas las áreas de tu vida: laboral, académica, familiar, amistades, ocio, salud. Y con una actitud proactiva, haz todo lo que tengas que hacer para que se cumplan. Tienes que autorizarte a tener otras oportunidades para seguir desarrollando tu vida, con recuerdos de la persona que ya no está, pero construyendo de nuevo tu propia existencia.

Los niños no deben estar al margen de los procesos de muerte y duelo. Hay que explicarles con una comunicación adaptada a su nivel de comprensión que su familiar, amigo, amiga, profesor, ha muerto y lo que significa esto. No hay que utilizar metáforas ni rodeos que puedan confundirle, tenemos que ser claros desde la verdad. Con respecto a que participen o no en los actos, va a depender exclusivamente de lo que ellos decidan a su nivel, nunca hay que forzar. Si deciden ir a los ritos funerarios, siempre tienen que estar acompañados de una persona de confianza que les vaya explicando lo que van a presenciar. Por otra parte, tenemos que observar y estar atentos a la manifestación de sus emociones, pueden dormir peor, comer peor, tener reacciones de ira, que son normales, y hay que explicárselo. Es muy probable que nos hagan muchas preguntas, que, por supuesto, hay que contestar desde la verdad. Es bueno comunicárselo a los tutores del centro educativo para que estén pendientes de sus comportamientos.

Los padres que pierden a un hijo sienten un dolor sin límites, se les rompe en un instante su proyecto vital más importante, que es el de sacar adelante a los suyos, protegerles, enseñarles para que sean adultos responsables y sobre todo para que sean muy felices. Seguramente se ve afectada la relación con sus otros hijos, la relación de pareja, la relación con el resto de los familiares y con las amistades. En ocasiones inician un estilo de vida pensando en el fallecido y no en los que están vivos. Se limitan a trabajar y a estar en casa y no se permiten actividades gratificantes porque sienten que al hacerlo traicionarían la memoria de su hijo. En estos casos, es importante pedir ayuda psicológica porque podrían estar desarrollando un duelo complicado y problemas psicológicos como la depresión y la ansiedad. Lo que se recomienda es estar muy unidos, bien acompañados, para que cada uno siga su propio duelo y, a su vez, pueda acompañar emocionalmente a los demás. Poco a poco irán asumiendo la pérdida e irán normalizando la rutina del día a día. Con mucho dolor, con un recuerdo frecuente del hijo, tienen que darse la oportunidad de seguir creciendo como personas, como pareja y como familia.

El fallecimiento de la pareja, de la persona que más quieres, es una de las situaciones más trágicas a las que se enfrenta el ser humano. Te despides de ella y también de los proyectos en común, de las ilusiones, de las intimidades, de la complicidad, del apoyo y de la alegría. La mayor parte de las situaciones te van a recordar a tu pareja, vuestra casa, muchos lugares, determinada música, los amigos comunes, objetos y pertenencias, y eso te va a provocar mucho dolor. Además la tristeza, la pena y el nerviosismo provocan momentos de desorganización en tu vida cotidiana. Tendrás que aprender a construir una nueva rutina sin tu pareja. La soledad que vas a sentir en muchos momentos no puede llevarte al aislamiento. Todo es más fácil si visitas a tus familiares y amigos. Es preciso que te desahogues, que recordéis a tu pareja, que le dediques homenajes de recuerdo junto a ellos. Retomar tus responsabilidades laborales y cotidianas lo antes posible es la mejor estrategia para ir asumiendo la pérdida y tiene que llegar el día en el que inicies planes de futuro, que te motiven y que te ilusionen. Realizar actividades que te llenen y que te hagan sentir bien será un indicador de que el duelo ya ha pasado y continúas con tu vida, con tus mejores recuerdos, construyendo un futuro distinto al que tenías previsto, pero también ilusionante.

Si decides acompañar a una persona que está pasando por la situación de haber perdido a un ser querido, es importante que tengas en cuenta que está viviendo una situación especial y su cabeza no está preparada en esos momentos para muchas indicaciones, ni consejos rápidos, porque su percepción está alterada y puede interpretarlo mal y sentirse peor. Lo más importante es que respetes en todo momento a la persona doliente. Utiliza la escucha activa, habla poco y deja que sea ella la que exprese a su manera sus emociones y lo que necesita. Utiliza la mirada y, de vez en cuando, ten un pequeño contacto físico, como cogerle de la mano y estar cerca. Eso será más que suficiente. Tienes que comprender sin juzgar, solamente entender su situación, que vaya a su ritmo emocional. Para que la persona doliente esté más reconfortada muéstrate próximo, atiende a lo que te diga que necesita. Una vez pasados los primeros días sigue siendo importante visitarla, llamarla para seguir prestando la ayuda que precise. En los días posteriores a los rituales fúnebres es cuando más se echa de menos a la persona fallecida, y se siente mucha tristeza y ansiedad; por este motivo tenemos que estar ahí, cerca, para lo que nos necesite.

Es bueno recordar que el proceso de duelo es estrictamente individual. La mayor parte de las personas estamos preparadas psicológica y emocionalmente para enfrentarnos a estas situaciones. No es una enfermedad, sino que es una reacción emocional normal ante una pérdida tan importante como un familiar o una amistad. Arropados por nuestros seres queridos vamos desarrollando nuestro proceso de duelo hasta que nos adaptamos a vivir sin esa persona querida. Hay personas dolientes que necesitan que se les escuche y se les atienda en otros contextos además de la familia. Las asociaciones y grupos de apoyo a la persona que está pasando por estos momentos dolorosos facilitan estos espacios de escucha y atención al duelo. Además, en el caso de que el proceso de duelo se esté cronificando y la persona no sea capaz de hacer una vida normalizada, es importante que pida ayuda psicológica en los centros de psicología.

Creo que es bueno invitar a los lectores a que hagan una reflexión sobre el testamento vital, no con el objetivo de convencer sino de informar, de dar a conocer esta posibilidad de decidir sobre el trato que quieres tener en los últimos días de tu vida en el caso de que estés en un proceso de enfermedad incurable y terminal. Se trata de manifestar anticipadamente tu voluntad, para que esta se cumpla en el momento en que llegues a situaciones en cuyas circunstancias no seas capaz de expresarlo personalmente, sobre los cuidados y el tratamiento de tu salud o, una vez llegado el fallecimiento, sobre el destino de tu cuerpo o de tus órganos. Por supuesto, siempre que tu deseo sea compatible con la ley vigente en el momento del fallecimiento. En mi opinión, merece la pena pensar en ello y después, que cada uno tome la decisión que estime conveniente.

Para mí es muy importante la adaptación al cambio. El duelo no deja de ser un proceso que nos permite ir adaptándonos a los cambios que en nuestras vidas tenemos que hacer cuando muere una persona querida. Las personas dolientes que se resisten a aceptar la realidad, a convivir con el dolor, van a añadir un sufrimiento desmedido al que ya padecen y necesitarán ayuda psicológica, porque es altamente probable que desarrollen trastornos psicológicos. Es importante que, de manera progresiva, vayamos aceptando la pérdida y nos pongamos en marcha para darnos otras oportunidades vitales y perseguir objetivos nuevos e ilusionantes. La tristeza y el recuerdo nos acompañarán durante mucho tiempo, pero eso no tiene que ser incompatible con iniciar procesos de cambios que nos permitan volver a disfrutar de nuestra vida, y con las personas que decidamos estar. Sentirnos bien no es traicionar, es simplemente vivir.

## ALGUNAS PAUTAS QUE PUEDEN AYUDARTE DURANTE EL DUELO

1. Hazte acompañar de tus familiares y amistades entrañables y de confianza.
2. Retoma tu rutina, aunque sea distinta, será tu nueva rutina.
3. Dedica un tiempo a estar con las personas que te merecen la pena.
4. Valora los momentos que compartes con las personas que quieres y que te aportan.
5. Diseña nuevos objetivos realistas en tu día a día para darte otras oportunidades.
6. Planifica actividades dentro y fuera de casa para estar activo y sentirte útil.
7. Cuídate físicamente y fortalece los hábitos saludables.
8. Acepta la realidad para poder adaptarte a la nueva situación.
9. Confía en ti para seguir tomando decisiones y resolver los problemas que vayan surgiendo.
10. Expresa tu gratitud a las personas que han estado siempre ahí, cerca de ti.
11. Autorízate a sonreír de nuevo.

Para finalizar quiero que dediquemos un momento al homenaje a la vida. La persona a la que querías ya no está, pero lo más importante es que vivió, te aportó muchas cosas que tú ahora valoras como muy importantes. Tuviste la oportunidad de disfrutar de su presencia, de sentir que te quería a su manera y tú también la querías. Compartisteis momentos de alegría y de tristeza, buenos y malos ratos, pero así es la vida, simplemente es compartir con tu gente lo mejor de cada uno. No es el momento para estar tristes, es momento para estar agradecidos de lo que hemos vivido juntos y recordar los mejores instantes, su sonrisa, su mirada. Te queda su recuerdo, consérvalo, pero es el momento de que mires al amanecer y no al ocaso.

Sigue adelante, encontrarás nuevos objetivos, nuevas ilusiones, otras muchas experiencias y recuerda siempre que sonreír no es olvidar, no es traicionar, simplemente es vivir, vivir con esperanza. Me despido con este poema de Mario Benedetti, «No te rindas». Un abrazo a todos los lectores.

No te rindas, aún estás a tiempo
de alcanzar y comenzar de nuevo,
aceptar tus sombras,
enterrar tus miedos,
liberar el lastre,
retomar el vuelo.
No te rindas, que la vida es eso,
continuar el viaje,
perseguir tus sueños (…).
No te rindas, por favor no cedas (…),
aún hay fuego en tu alma,
aún hay vida en tus sueños.
Porque la vida es tuya y tuyo también el deseo,
porque lo has querido y porque te quiero (…).

Porque no hay heridas que no cure el tiempo.
Abrir las puertas (…),
abandonar las murallas que te protegieron,
vivir la vida y aceptar el reto,
recuperar la risa (…).
No te rindas, por favor no cedas (…),
porque cada día es un comienzo nuevo,
porque esta es la hora y el mejor momento.
Porque no estás solo, porque yo te quiero.

MARIO BENEDETTI

# Bibliografía y fuentes

ARIÈS, P., *Historia de la muerte en Occidente*, traducción de F. Carbajo y R. Perrin, El Acantilado, Barcelona 2000.

BARBERO, J., «El derecho del paciente a la información: el arte de comunicar», *Anales del Sistema Sanitario de Navarra* (vol. 29, pp. 19-27), Gobierno de Navarra, Departamento de Salud, Pamplona, 2006.

BARRETO, P. y SOLER, C., *Muerte y duelo*, Editorial Síntesis, Madrid, 2007.

BUCAY, J., *El camino de las lágrimas*, Océano exprés, Barcelona, 2011.

COSTA, M. y LÓPEZ, E., *Manual para la ayuda psicológica: dar poder para vivir: más allá del counseling*, Pirámide, Madrid, 2006.

DÍAZ, V., RUIZ, M., FLÓREZ, C., URREA, Y., CÓRDOBA, V., ARBELÁEZ, C. y RODRÍGUEZ, D., «Impacto familiar del diagnóstico de muerte inminente», *Revista de Psicología Universidad de Antioquia*, 5 (2), pp. 81-94, Antioquía, 2014.

*Diccionario de la lengua española* (23.ª edición), *http://dle.rae.
es/?id=EEl28uS|EEmPUc7*

D'Zurilla, T. J. y Goldfried, M. R., «Problem Solving
and Behavior Modification», *Journal of Abnormal Psycho-
logy*, 78(1), p. 107, 1971.

Fernández-Alcántara, M., Cruz-Quintana, F., Pérez-
Marfil, N. y Robles-Ortega, H., «Factores psicológicos implicados en el duelo perinatal», *Index de Enferme-
ría*, 21(1-2), pp. 48-52, 2012.

Gil-Juliá, B., Bellver, A. y Ballester, R., «Duelo: evaluación, diagnóstico y tratamiento», *Psicooncología*, 5(1),
p. 103, 2008.

Kübler-Ross, E. y Kessler, D., *Sobre el duelo y el dolor*, Lu-
ciérnaga CAS., Barcelona, 2017.

Ley 41/2002, de 14 de noviembre, básica reguladora de la
autonomía del paciente y de derechos y obligaciones en
materia de información y documentación clínica.

López García de Madinabeitia, A. P., «Duelo perinatal:
un secreto dentro de un misterio», *Revista de la Asociación Española de Neuropsiquiatría*, 31(1), pp. 53-70,
2011.

Real Decreto 124/2007, de 2 de febrero, por el que se regula el Registro nacional de instrucciones previas (RNIP).

VV. AA., *Cancer Information*, American Cancer Society,
*https://www.cancer.org/*

VV. AA., *CIE-10. Décima revisión de la clasificación internacional de las enfermedades. Trastornos mentales y del comportamiento. Descripción clínica y pautas para el diagnóstico*, Méditor, Madrid, 1992.

VV. AA., *Estrategia en cuidados paliativos del Sistema Nacional de Salud*, Ministerio de Sanidad y Consumo, Madrid, 2007.

VV. AA., *Informe Estamos Seguros 2016*, elaborado por UNESPA.

VV. AA., *Official Records of the World Health Organization*, n.º 2, p. 100, OMS, s./f.

**Cuentos para explicar a los niños el concepto de la muerte**

José, E., *Julia tiene una estrella*, La Galera, Barcelona, 2006.

Ramón, E. y Osuna, R., *No es fácil, pequeña ardilla*, Kalandraka, Pontevedra, 2003.